私は私のままで
生きることにした

私は私のままで
生きることにした

キム・スヒョン 著　吉川 南 訳

ワニブックス

はじめに

振り返ってみると、
私はいつも「理由」を気にしながら生きていた。
学校で先生の話に「なぜ？」と必ず聞き返す、
そんな子どもだった。
理由が気になるから聞いているだけなのに、
「あなたは反抗的よ」と言われた。
「いちいち理由を聞かないで」「なぜ口答えするの？」と
言われてばかりでつらかった。

そんな子ども時代を過ごして大人になると、
ふと自分のことが、とてもみじめで、無力な人間に思えた。
何から何まで中途半端。年齢も、経歴も、実力も……。
お金もなく、先行きも不安な、中途半端な人間になっていた。
どうしてこうなってしまったのだろう？

専攻を間違えたのか。
大学でもっと勉強すればよかったのか。
我慢して仕事にしがみついていればよかったのか。
いくら考えても、何がダメだったのかわからない。

もちろん、これまで生きてきたなかで
失敗や迷いが全然なかったわけではない。
でも、それはささいなこと。
失敗というより、試行錯誤と言ったほうがいい。

何も間違えていないのに、どうしてみじめになるのだろう？
子どものときに先生に質問したように、
その理由が知りたくなった。

だから、私は本をたくさん読んだ。
読書が好きだからではなく、
本当の理由を知りたかったから。
なぜ、私はみじめだと感じるのか。
なぜ、私は不完全なのか。
なぜ、私は何者でもないのか。

そして、少しずつわかってきたのは、
「世間から価値のない人間だと言われても、
私は自分を大切にして、
自分らしく堂々と生きていけばいい」ということ。
この本は、私がなぜ自分をみじめだと思ったのか、
そして、何が私をみじめにさせたのか、その疑問への答え。

これまでに何冊か本を書いて
少しは読者の心を温め、
ホッとさせられたのではないかと思う。
でも、あなたの心にもっと深く届くような
力強いエールを送りたい。

冷たい世の中で、
何も間違っていない自分を責めている
私と同じようなみんなに、こう伝えたい。

あなたは何も間違っていないよ。

あなたらしく、胸を張って生きていけばいいんだよ。

GOAL

ごく普通の私が、
他人を妬むことなく
冷たい視線に耐えながら、
ありのままの自分として生きていくために。

Contents

はじめに 4

☑ Part 1

自分を
大切にしながら
生きていくための
To do list

- 意地悪な相手にやさしくする必要はない 15
- 自分からみじめになってはいけない 18
- もっと堂々と胸を張ろう 21
- 通りすがりの人たちに傷つけられないこと 26
- 人生から数字を消そう 28
- 他人の言葉に惑わされない 33
- 人を侮辱しないこと 36
- 自分に言い訳するのはやめよう 40
- 完璧な人生なんてない 45
- 普通であれば十分に幸せ 48
- 彼らにあなたを評価する資格はない 52
- 謙遜（けんそん）しすぎて気後れしてはいけない 55
- 自分の生き方を尊重する権利をもとう 60

☑ Part 2

自分らしく
生きていくための
to do list

☐ ゆるぎない自尊心をもとう 71
☐ 自分らしい人生って？ 77
☐ 人生の問いを後回しにしない 82
☐ 当たり前だと思っていたことに疑問をぶつけよう 84
☐ 誰かの期待に応えようとしてはいけない 89
☐ 自分以外の何者かになろうとしないこと 93
☐ 世の中が決めた正解に屈してはいけない 97
☐ 見る目を養おう 102
☐ 自分で選択すること 105
☐ 自分なりの好みをもとう 108
☐ 本当の自分と向き合うこと 111
☐ 自分が輝ける場所で生きていく 116

☑ Part 3

不安に
とらわれない
ための
to do list

☐ 人生のあいまいさに耐えること 123
☐ 問題を抱えながら生きていく方法を学ぶ 126
☐ 自分だけの問題だと勘違いしない 129
☐ 未来のことについて適当なシナリオを書かない 132
☐ 本当の解決策を見つけよう 135
☐ 過敏にならない 140
☐ 十分に悲しむ 143
☐ しんどいときには、しんどいと言おう 146
☐ 不安だからと手当たり次第に必死にやらない 149

☑ **Part 4**

共に生きていくためのto do list

- □ お互いに最低限の礼儀を示そう 155
- □ すべての人に理解されようとしなくていい 157
- □ お互いの境界を守ろう 160
- □ 寛大な個人主義者になること 163
- □ 日常で勝ち負けを決めない 167
- □ 憎まれることを恐れて、いい人になるのはやめよう 171
- □ 恥じる必要のないことを恥じない 174
- □ 誰とでも仲良くしようと、頑張らない 178
- □ 経年劣化と完全な破損を区別する 181
- □ 今の関係に最善を尽くす 184
- □ ゴーサインが出たら進め！ 187
- □ それでも誰かといっしょにいる 189

☑ **Part 5**

よりよい世界にするためのto do list

- □ ときにはつまらない話もする 197
- □ 自分を責めない 200
- □ 自分にやれることをやろう 204
- □ 我慢すべきときは我慢する 209
- □ 焦りは捨てよう 212
- □ 上手にケンカする方法を学ぼう 214
- □ 希望の根拠をつくろう 219
- □ 世の中に快く施しをする 223
- □ お金には換算できない自分自身になろう 226
- □ ハンガー・ゲームに参加しないこと 229
- □ ときには寄り道してみよう 233

☑ Part 6

いい人生、そして
意味のある
人生のための
to do list

▫ 幸せは人生の目的じゃない 241
▫ 身軽に生きよう 244
▫ 人生にもっと多くの風景を 248
▫ 生活に潤いを 251
▫ みんながそれぞれに幸せになる 255
▫ 優先順位を考えよう 258
▫ 過ぎ去った過去と決別する 261
▫ 人生に余白と失敗のための予算を確保しよう 264
▫ それでも自分だけは自分を理解してあげよう 267
▫ 自分の幸せに関心をもつ 270
▫ 完璧でないものを愛する 272
▫ どう生きるのかを問う 274
▫ 大人として生きる 280

おわりに 282
訳者あとがき 286

☑ Part 1

自分を大切にしながら生きていくための to do list

医学、法律、ビジネス、科学技術は、
どれも立派な仕事だし、人間の生活に必要なもの。
でも、詩、美、恋、愛は、人間が生きる目的そのもの。

——映画『いまを生きる』より

意地悪な相手にやさしくする必要はない

大学を卒業してすぐ、私はインターンとしてある会社で働いた。
初めて配属された部署の主任は、私を召し使いのように扱った。
というか、いわゆるパワハラだったのかもしれない。
その上司は、自分の目の前にあるパソコンのモニターを
10cm動かすのでさえも私にやらせ、ほんのささいな失敗にも
「私を困らせる気なの？」と言って私をののしった。
会社で働くのは初めてのことだったし、
なんでも評価の対象とされるインターンとしては、
どうしたらいいのかわからなかった。
私はただ、ここにいる人のなかで
いちばん下の立場だと実感しながら、
「ホモインターンス（ホモサピエンス＋インターン＝正社員に
なれずにインターンを繰り返す人）」として日々を送っていた。

そうしてインターン期間を終えて、かなりたったある日のこと。
夜、寝ようとしたときに、
突然、その主任のことを思い出して悔しくなった。
でも、本当に耐えられなかったのは、彼女の言葉ではなく、
あんなひどい目にあわされながらも、
嫌な顔ひとつしなかった自分自身に対してだった。

たいして偉いわけでもないのに、
権力者のように振る舞う彼女の前で、
私は一度も反抗できなかった。
そんな私の態度が、彼女をさらにエスカレートさせた。

話は少し違うけど、
民主化運動に参加して捕まり、拷問を受けた人たちが、
過去を振り返ったときに何よりもつらいのは、拷問の苦痛よりも、
拷問官にこびへつらった自分の卑屈さだという。

もちろん、それは自分たちのせいではないけど、
自尊心を決定的に傷つけられるのは
不当な扱いを受けたという事実より、それに屈した自分自身。

だから、意地悪な相手に、
あなたのことを尊重してくれない相手に、
黙って頭を下げるのはやめよう。
状況を変えられないとしても、
少なくとも卑屈になるのはやめよう。

卑劣な人間から自分の尊厳を守るために
必要なのは、抵抗すること。
それが、たとえどんなに小さな抵抗だとしても。

パワハラとは、
人を人とも思わない
愚かな人間と、
人としての最低限の扱いすら
求めようとしない
無力な人間とのコラボレーション。

どうぞご勝手に
バカみたい

◆ 自分からみじめになってはいけない

インスタグラムという新世界に足を踏み入れたころのこと。
ランダムに写真が並ぶなかで、おしゃれに加工された、
超グラマラスな女性の写真が目に入った。
アカウントをのぞいてみると、
うわさに聞く「インスタセレブ」そのもの。
美人でスタイルもよく、ブランドもので着飾って、
しょっちゅう海外旅行をしている女性。
でもショックだったのは、私とはかけ離れた彼女の生活ではなく、
彼女についている大勢のフォロワーだった。

フォロワーたちは、いったい何のために
彼女の生活をのぞき込んでいるのだろう？
気になって画面をじっと見ているうちに、
せっかくおいしく食べていたコンビニのおにぎりがなんだか哀れに
見えてきて、8900ウォン（約900円）で手に入れた
スパンコールバッグがみすぼらしく思えてきた。

昔なら、彼女のことなんて一生知らずに過ごしたはず。
だけど今では、メディアを通じて他人の完璧な暮らしぶりを
簡単にのぞき見ることができる。

それが私たちの好奇心を刺激する。
でも、その好奇心の代償は？

『自分をみじめにする方法』という本によれば、
他人の生活をのぞき見て自分の生活と比べることが、
自分をみじめにする、いちばん簡単な方法だという。

あなただって、そう。
わずかな好奇心を満たすために他人の生活を見物して、
「みじめさ」という代償を支払っているのかもしれない。
だけど、そうやって満たされた好奇心からは何も得られない。
あなたの好奇心やエネルギーは、
あなた自身の人生をよくするために使ったほうがいい。

だから、他人の人生に直接関わりをもつならともかく、
観客になるのはやめよう。

何枚かの写真で見る他人の人生なんかより、
自分の人生のほうがずっと大切なのだから。

だから、自分からみじめになろうとするのはやめよう。

◆ もっと堂々と胸を張ろう

子どものころ、『成功時代』というテレビ番組があった。
いわゆる成功した人たちの人生を紹介する番組。
登場人物は変わっても、話の流れは毎週同じだった。
みじめな過去と成功した現在を比べながら、
血のにじむ努力と不屈の意志でその溝を埋めていく。
それを見ていると、どんなに困難な状況でも
努力で乗り越えて成功できるんだ、という気持ちに
なったものだった。

大人になって思うのは、これが能力主義※の始まりだということ。
個人の能力に加えて、
努力さえすれば誰でも成功できるという、
自己啓発書のようなお話。

でも現実には、
能力や努力は成功をもたらす唯一の鍵なんかではなく、
さまざまな要因のなかのひとつにすぎない。

※能力主義（メリトクラシー）
マイケル・ヤングの風刺小説『メリトクラシーの法則』で初めて使われた造語。小説のなかの未来世界では、能力主義が公正なシステムと見なされている。ところが、次第に能力だけを基準にした階層がつくられ、エリート集団による弱肉強食の論理で支配される、情け容赦のない社会に変わっていく。

さらに言えば、過去にこういう成功神話がありえたのは、
当時の韓国が高度成長期だったことに加えて、
誰もが食うや食わずで、貧富の差がそれほど大きくなかったから。
だけど、今は違う。

個人が社会階層を移動するチャンスはほとんどない。
公正な能力主義は「機会の平等」が前提条件だけど、
それも守られていない。
そんな状態で、親の財産、影響力、社会階層が、
子どもに引き継がれる。
もちろん、努力を軽視するわけではないけど、私たちの人生は
運や環境という、能力以外の要因に大きく左右されている。
努力だけで大成功した人がいるのも確かだけど、
少数の例外だけで全体を表すことはできない。

なのに、「努力＝能力＝成功」という等式は、
「怠惰＝無能＝貧困」という等式に自動変換される。
貧困の原因を「努力が足りないからだ」といって個人のせいにして
差別と階級を正当化している。
無限のチャンスがあるのに貧しいのはお前のせいだ、
悔しければ出世してみろ、と。
だから貧しさは恥になる。
そしてみんな、貧しさを隠そうと必死になる。

ヒマラヤに登るわけでもないのに
ブランドもののダウンジャケットを着なくちゃ
学校で恥をかくと言う子や、
高級感を出すためにマンション名を英語に変えるべきだと言って
自治体をたきつける主婦たちがいる。

平等な機会がないかぎり、能力主義なんて絵空事にすぎない。
なのに、自己啓発書が「成功時代」と呼んでいる
いびつな能力主義は、
人間を「金持ち」か「貧乏」かというx軸の値に従って、
「うぬぼれ」と「恥」というy軸のグラフに当てはめていく。

でも、まわりを見れば、
お金持ちの多くはただ運がよかったり、遺産相続による
元手のおかげで稼いだりした人たちだとわかる。
一方で、貧しくてもまじめに、
正直に生きている人だって少なくない。

プロセスを無視し、抜け道を使い、弱者から搾取しても、
お金持ちはお金があるがゆえに堂々としている。

でも反対に、まじめに、正直に生きていても、
貧乏人は自分を恥じなくてはならないなんて、
おかしいと思う。

たとえ貧しくても、最善を尽くして堂々と生きてきたのなら、
人生に胸を張るべき。

世の中には恥ずべき富があるように、
誇るべき貧しさがある。

ところでそのお金、どうやって稼いだの？

◆ 通りすがりの人たちに傷つけられないこと

年を重ねて痛感するのは、
「いつかいっしょに食事でも」と思っている人でさえ
なかなか会う時間がとれないということ。
そういう意味で、嫌いな人や気が合わない相手──
たとえば、高校のときに隣の席だったウンギョンや
経理課のパク係長は、
私の人生のなかでは「通りすがりの人」だと言える。

でも私たちは、そういった人たちが
仕事にかこつけて八つ当たりしてきたり、
人の心配をするふりをして侮辱したり、
質問すると見せかけて無礼なことを言ったりすると、
カチンときて、傷つき、憎しみさえ感じる。

月給の倍もするブランドもののバッグを買ったり、
芸能人のゴシップに夢中になったりすることだけが、
無駄なことなのではない。
自分の人生からすぐに消えていく人たちに
心のエネルギーを使うことも、感情の無駄づかいなのだ。

退職したら二度と会うこともない上司。
たまたま顔を合わせた、どうでもいい親戚。
笑い声がイラつく、くだらない女性。
裏で悪知恵をたくらむ、狐のような同期の同僚。
あなたの人生にとって何の意味もない、そんな人たちに
感情の無駄づかいをするのはもうやめよう。

気を揉んだって、うめいたって、憎んだって、
彼らはどうせあなたの人生から
去っていく人なのだから。

人生から数字を消そう

インターネットで話題になった、各国の中流層の基準。

イギリス（オックスフォード大学による中流層の条件）
・常に公正に振る舞うこと
・自分の主張と信念をもつこと
・ひとりよがりにならないこと
・弱者の肩をもち、強者に立ち向かうこと
・不正義、不公平、不法に対して毅然と反対すること

フランス（ポンピドゥー大統領が「生活の質」向上の公約で定めた中流層の基準）
・外国語をひとつ以上使いこなし、広い世界を経験すること
・ひとつ以上のスポーツを楽しむこと
　またはひとつ以上の楽器を弾くこと
・ごちそうをつくって、お客をもてなすこと
・ボランティア団体に参加して活動すること
・他人の子を自分の子のように叱れること

大韓民国（年収情報サイトのサラリーマンを対象とした設問）
・100㎡のマンション（ただしローンのないもの）を所有すること
・500万ウォン（約50万円）以上の月給を稼ぐこと
・2000ccクラスの中型車をもつこと
・1億ウォン（約1000万円）以上の預金残高があること
・年に一度以上、海外旅行をすること

イギリスやフランスと違って、韓国での基準に必ず登場するもの。
それは、数字。

あるときインターネットを見ていたら、
「あなたの結婚可能指数は？」というバナー広告が目に入った。
占いサイトかと思って見てみると、婚活サイトだった。
年齢、身長、体重、資産額、年収など、
さまざまな数字を入力すると、
牛肉でもランク付けするかのように
結婚可能指数を算出してくれる。
これぞまさに、究極の人工知能ではないかと思った。

私たちはなんでも数字に置き換えるのが好きで、
自分自身の価値を格付けすることすらも自然に受け入れてしまう。

こうした数字だらけの人生のなかで、
人は履歴書に書く数字のために躍起になり、
家の大きさに応じて人間関係を線引きし、
集会やストライキがあると、その主張に耳を傾けるのではなく、
損失がどれほどになるかを真っ先に問題にする。
まさに、価値を忘れて価格ばかりを重要視する、数字の人生。

ところで、数字というのは
いつでも簡単に比較できて、順位を決めやすいという特徴がある。
たとえば、丸と三角を比べて順位を決めることはできないけど、
1と2を比べて順位を決めるのは誰でもできる。
結局のところ、数字の人生というのは、
常に比較されて、順位をつけられる人生ということになる。

そのなかで私たちは、
自分の値打ちが気になって、いてもたってもいられず、
自分の居場所と順位をしきりに確かめる。

だけど、人生のすべてを数字に置き換えるなんて、
そんなことができるのだろうか。

IQでは知恵を測定できないし、
友達の数では人間関係の深さを証明できない。
家の広さがその家庭の幸せを保証してくれるわけではないし、
年収でその人の人格がわかるわけでもない。

本当の価値は数字で測れるものではない。
だから、あなたが人よりすぐれた存在になりたいのではなく、
人と比べられない存在になりたいのなら、
まずはあなたの人生から数字を消さなければならない。

人生でいちばん大切なことは、
数字では表せないもののなかにあるのだから。

◆ **他人の言葉に惑わされない**

SNSを通じて親しくなったチョンミさんは、私の著書の読者で、
かわいらしく、温かな人柄の人。
彼女には大好きな彼氏がいて、
彼とのエピソードをよくSNSに載せていた。
二人は、私の死んだ恋愛細胞をよみがえらせてくれる、
愛らしいカップルだった。
ところがある日のこと、彼女のSNSに見ず知らずの人から、
「のろけるのも、ほどほどにしろ」というコメントが書き込まれた。
「他人の不幸を考えないのか」とも。

もちろん、SNSには目立ちたがり屋もいる。
でも、彼女はそんなタイプの人間ではない。
自分が感じた、ささやかな幸せを記録していただけ。
そのコメントを見た彼女は、
自分が間違ったことをしてしまったのかと悩んだらしいけど、
間違っているのは、むしろコメントをしてきた人だ。
その人が自分の心の問題を解決できなかっただけ。

意図を誤解して、
人の話をねじ曲げたり非難したりする人がよくいる。
インターネットニュースに心ないコメントを残すような人たちが、
SNS上でも、日常でも、勢力を拡大している。

騒ぎを起こすのが好きな彼らに、どう対処したらいいのだろう？
誰かから非難の言葉を浴びせられたら、こう考えよう。

ひとつ、それは一個人の主観的な意見にすぎないということ。
その人はソロモン（古代イスラエルの王）のような
知恵者でもないし、フロイトのような精神分析医でもない。
ふたつ、それがあなたへの批判なら、
腹を立てたり、悲しんだりするのではなく、
その批判が真実かどうかを考えよう。
批判が正しければ、自分のよくないところを
直すきっかけにすればいい。
批判が間違っていて、相手の内面に問題があるのなら、
犬が吠えているだけだと思えばいい。
3つ、それでも犬が吠えつづけたら？
黙って聞いてないで、しっかりと責任を追求しよう。

名誉毀損？　または、騒音公害の罪。

反射

使い方：うるさい人には、このページを開いて見せてください
注釈：あなたには言葉をかけるのももったいない

◆ 人を侮辱しないこと

インターネット上の書き込みにスペルミスがあった。
すると、その下に「極嫌(クッキョム)」というコメントがずらりと並んだ。
極嫌というのは、「極度の嫌悪感」という意味の
韓国のインターネット用語。
でも、単なるスペルミスで、なぜそこまで嫌悪感を覚えるのだろう?
私には理解できない。
わざと綴りを間違えて、ハングルを生み出した世宗(セジョン)大王を
侮辱してやろうという気持ちがあるとも思えないし、正しい綴りを
知らないとしても、そんなに嫌悪されるほどの過ちなのだろうか。

極嫌、ケジョシ※1、キレギ※2、説明虫※3、給食虫※4、遺族虫※5、
ママ虫※6、ポスルアチ※7、韓男虫※8など、
近ごろ、侮辱と嫌悪を込めた言葉がたくさん使われるようになった。

これらの言葉は、私たちがお互いに嫌悪感を
もっていることの何よりの証拠。

こうした嫌悪感は、おもに中産階級の崩壊が原因だと言われている。
今の地位に不安を感じる人たちが、他の誰かを踏みつけて
社会的・経済的な地位を守ろうとしている。

でも、本当にそれだけだろうか。
そう決めつけてしまうには、嫌悪の対象があまりにも広範囲で
無差別な気がする。
私にしたって、
韓国で女性に生まれたというだけでキムチ女[※9]と呼ばれ、
結婚して専業主婦になればチュィジプ虫[※10]、出産すればママ虫、
何かを説明すると説明虫、まじめになればチンジ虫[※11]になる。
虫でなく人として生きるのは、本当に大変だ。

『侮蔑感』の著者のキム・チャンホ教授は、こうした現象について、
人並みに成功しないと認められない社会で
虚しさを埋めるためのいちばん簡単な方法は、
他人を侮蔑することだと言っている。
つまり、自分の存在感のなさや劣等感を埋め合わせるため、
そして薄っぺらい優越感を味わうために、
他人を侮蔑しているということ。
まったく、くだらない！

※1　犬（ケ）＋おじさん（アジョシ）。目下の者をぞんざいに扱う中年男性。
※2　記者（キジャ）＋ゴミ（スレギ）。記者を批判するときに使う言葉。
※3　つまらない説明を長々とする人。
※4　給食を食べている年代＝中高生のインターネットユーザーをバカにする言葉。
※5　セウォル号沈没事故の真相究明を求める遺族に対する罵倒語。
※6　「子どものしつけもできない母親」を非難する言葉。
※7　女性器（ポジ）＋役人（ピョスルアチ）。女性であることを一種の特権と見なして、
　　 男性から特別な待遇や金銭的な見返りを得る女性を非難する用語。
※8　韓国人男性に対する罵倒語。
※9　韓国人女性に対する罵倒語。
※10　就職（チュィオプ）＋婚家（シジプ）。専業主婦に対する罵倒語。
※11　チンジ＝まじめ。まじめな人をからかう言葉。

劣等感にまみれた人たちは、「嫌悪」で結ばれた固い絆のなかで、
お互いのくだらなさをかばい合い、
実際に見たり聞いたりしたことでなくても、
自分に都合のいい情報だけを利用して、
嫌悪する相手のイメージを悪くする。
そして、その嫌悪によって侮辱されたと感じた人は、
さらに嫌悪を別の誰かに向けていく。
その結果、インターネット上では、誰がいちばん嫌われ者なのかを
めぐって、終わりなき争いが繰り広げられることになる。
だけど、この嫌悪競争の果てに
「自分以外の人間はみな嫌悪の対象だ」
と結論を下したとき、はたしてすっきりした気分になるだろうか。
どこを見ても嫌悪すべき人たちに囲まれているという不信感と、
一歩間違えば自分も嫌悪の対象になるという緊張のなかで、
さらに注意深くなり、さらに神経をとがらせるだけ。

はっきり言うけど、
お互いに傷つけ合うような社会では、
誰も幸せになんかなれない。

+
人を侮辱するのがいちばんの楽しみだという人、
あなたは「負け犬」そのもの。

デパートのエレベーターで、赤ちゃんが突然、泣き出した。
お母さんはうろたえて、言葉の通じない赤ちゃんに向かって、
「泣かないの」と言ってあやしながら、
しきりにまわりの目を気にしていた。
私はそのお母さんに「気にしないで」と言った。
「私はあなたを侮辱したりはしませんよ」という意味を込めて。

本当に、気にしないでね。

自分に言い訳するのはやめよう

若いころに民主化運動に精を出していたという人から
話を聞いたことがある。
その人は名門大学を卒業したのに、活動家というレッテルを
貼られたせいで、満足な職につけなかったという。
そんな彼は資本主義を嫌悪していて、
こんな不合理な構造の下で働けるものか、と言って、
あるときから就職活動をするのをやめてしまった。
四十歳を過ぎても働かないので、
生活費を稼ぐのは清掃員をしているお母さんの役目。

誰が見ても、彼の理屈は矛盾だらけ。
労働者が搾取される社会を批判しているくせに、
自分は母親から搾取しているのだから。
まわりの人も、働こうとしない彼の暮らしぶりに首をひねり、
あれではお母さんがかわいそうだ、と言った。
いったい何が、彼をこんな人間にしてしまったのだろう。

名門大学を出たばかりの彼は
自分自身に対する期待も理想も高かったはず。
ところが、民主化運動の活動家だったという理由で
自分の存在が否定される現実に、
どれほどの無力感と挫折を感じたことだろうか。
経済的な自立に失敗したことも、彼にとっては恥ずべきことだった。
それによって、彼が抱いていた自分の理想像は
すっかり崩れてしまった。

自分自身を恥ずかしいと思い、無価値な人間だと思ってしまうのは、
とても耐えがたいこと。
だから人は、この感情を隠すために
現実をあざ笑い、原因を自分以外のせいにして、
言い訳することで自分を守ろうとする。

でも問題は、言い訳するだけでは自分を守れないこと。
だって、自分自身をだますことはできないから。

表向きは平気な顔をしていても、無力感と羞恥心は
消化されないまま心のなかに残りつづける。

小説家のキム・ヒョンギョンは『人の風景』のなかで、
「愛」の反対語が「憎しみ」や「怒り」ではなく
「無関心」であるように、
「生」の反対語は「死」や「退行」ではなく
「防御意識」だと書いている。
防御意識をもつと、人は永遠に自分の人生の外側で
さまようことになる。

彼もまた、長いあいだ人生の外側をさまよい歩いていたのだと思う。
自分を認めてくれない現実と向き合い、
無力感と羞恥心に耐えるよりも、
仲間内で気高い、権力に立ち向かう者として生きたほうがましだと
思ったのかもしれない。
あるいは、不条理な世の中で傷つくのが怖かったのかもしれない。

でも、これ以上過去にしばられ、人生を無駄にしてはいけない。
どんな理由でも、自責の念とうらみを振り払って、
ありのままの自分をまっすぐ見つめ直したほうがいい。

学生時代に、よりよい世の中をつくろうと闘ったときのように、
努力に対するプライドを取り戻そう。
理想どおりにいかなかったのは仕方なかったことだと思って、
受け入れたほうがいい。

本当に恥ずべきなのは、
就職がうまくいかないことや、成功を収められないことではなく、
言い訳ばかり並べ立てて何もしないこと。

自分の理想どおりにいかなくても、
自分のふがいなさに耐えられないと思っても、
言い訳を取り払って本当の自分と向き合おう。

そして自分と向き合えたなら、再び歩き出そう。
それがいちばん大切。

「僕は本当にダメ」 ➡ 「いや、すべて人のせい」
攻撃の方向：内 ⬅ 攻撃の方向：外

重要なのは、
自分の内なる怒りから自由になること

完璧な人生なんてない

中学3年生のとき、クラスの男子から
「きみは気楽そうでいいな」と言われたことがある。
たぶん、私がおしゃべりで活発なタイプだったので、
物静かなその子は私がうらやましかったのだと思う。
でも、そのころ重度の「中3病」にかかっていた私は、
親との仲について悩んでいたので、
むしろ別の友達のことをうらやんでいた。
その子こそ、何の悩みもなさそうだった。
とてもかわいい子で、みんな彼女と仲良くしたがっていた。
ところが数年後、親しくなった彼女に聞くと、
「中3のころがいちばんつらかった」という。
先生たちの差別と偏見のせいで死にたかった、と。
不思議なこともあるものだ。
あの男の子だけでなく、私も間違っていた。
人は、自分に欠けているものをもっている人を見ると、
その人の人生は完璧だと思ってしまうものらしい。

はたして私たちは、他人のことをどれくらい知っているのだろう？

パク・ヨンソン脚本のドラマ『青春時代』の最終回で、
1か月の中国旅行に旅立つ主人公の一人を見て、
空港の職員たちが「うらやましい」「今度は金持ちの家に
生まれなくちゃ」などと、こそこそと話す場面がある。
ところが、当の彼女は、
6年ものあいだ植物状態だった弟が亡くなった後、
全財産の170万ウォン（約17万円）を手に、
今後の見通しなんてまったくないまま出発したのだった。

私たちは、表面だけを見て他人の人生の重みを測るけど、
他人の目に映る自分の姿がすべてではないように、
私たちの目に映る他人の姿もすべてではない。人はそれぞれ、
傷や不完全さを抱えている。傷のない人生なんてない。

だから、あなたが理解しないといけないのは、
じつは誰の人生もそれほど完璧ではないということ。
ときには、この言葉が慰めになってくれることもあるはず。

＋
友人から突然、こんなメッセージが送られてきた。
「いつも頑張ってるね。あなたに刺激を受けてる」
でもそのときの私は、
寝転んでインターネットショッピングをしていただけ……。

傷の遠近法

近くのものは大きく見え、
遠くのものは小さく見える

普通であれば十分に幸せ

子どものころ、車に乗っていると、
太陽が自分を追いかけてきているように思えた。
自分もいつか、大好きなセーラームーンのように
なれるんじゃないかと思ってワクワクした。
もちろん、大人になってもこんなことを考えていたら、
重度の誇大妄想患者だというレッテルを貼られてしまう。
それでも大人になれば、
悪者から世界を救うヒロインとまではいかなくても、
何かしら特別な人になれるだろうと思っていた。

けれども、現実の私は平凡な大人になった。
華々しい人生ではないし、
このうえない自由を味わっているわけでもない。
牛肉を好きなだけ買うことすらできず、
狭い行動範囲のなかで、取るに足らない日常を繰り返している。

でも考えてみれば、
平凡な大人の一人になったという事実に気づき、
子どものころに抱いていた理想を手放すと、
そのときから大人の思春期が始まる。

もちろん、その瞬間は悲しく、ほろ苦い。
でも、子どものころの幻想と期待から抜け出して、
特別ではない普通の人として自分の人生を築こう。
大人がやるべき宿題とは、そういうものなのかもしれない。

私はこの先、セーラームーンになって地球を救うことも、
ソルボンヌ大学(パリにある有名な大学)の教授に
なることもないはず。

だけど、私が望むのは、
成功を収めて同級生から妬まれることでも、
「一族の誇りだ!」と言って親戚にもち上げられることでもない。

その代わりに、私には書きたいことがある。
絵やデザインの仕事も、もっと頑張りたい。
家族との時間をもっと大切にしたいし、
スイミングを習って、心ゆくまで海で泳いでみたい。
いろいろな考えをもった人と出会って、自分の世界を広げたい。

私の人生には多くの制約があり、将来の保証もないけど、
特別ではない普通の人生でも、やれることはたくさんある。

大人の思春期は、自分の平凡さを認めて、
そのなかで自分の人生を満たすことができたときに終わりを迎える。

そのときにこそ私たちは、
本当の大人になれるはず。

サリエリ・コンプレックスの真実

モーツァルトの成功を妬んでいたといわれる、作曲家のサリエリ。だけど、モーツァルトがサリエリよりも幸せだったという証拠はない。

◆ 彼らにあなたを評価する資格はない

以前、友人が合コンに参加したときのこと。
スポーツの話題になって、ある男性からこう聞かれたという。
「ゴルフや乗馬は好きですか？」
じつを言うとこれは、趣味ではなく、
相手の経済力を確かめるための質問にすぎない。

男でも女でも、異性の経済力を知りたいと思うのは
別に悪いことではない。
私だって、そう聞きたい気持ちはわからなくもないから。
でも、食べていけるのかどうかを真剣に考えることと、
休みなく電卓を叩いて、
人間のすべてを数値化しようとすることは、また別の問題。

住んでいる家を見せたら連絡が途絶えたという人。
会話のなかで親の職業を確認することに躍起になる人。
ある人は、そんな相手を前にすると、
答案用紙を提出した子どものように、
自分がどう評価されるのか不安になる、と言っていた。

だけど考えてみたら、そんなに不安がる必要があるのだろうか。

私は個人的に、どんなに優秀でも
数字に極端に執着する人には、
人生の幸福の基準があまりに単純なように思えて
まったく魅力を感じない。
はっきり言って、私のタイプではない。

相手にとっては、私は不合格ということになるだろうけど、
その人も私にとっては不合格だ。

私にとって必要なのは、私と似ている一人の人間だけ。
人を数字で評価するような人たちは、こちらからお断り。
だから、もし誰かが私を数字で評価しようとしたら……。

バカみたい。どうせ、あなたたちは全員失格。

聞いていないし、知りたくもない

◆ 謙遜しすぎて気後れしてはいけない

本を書いて以来、友達から「作家」と呼ばれることがある。
と言っても、それは友達同士のおふざけであって、
私は自分を作家だとは思えなかった。
作家という言葉を辞書で引くと、
「小説や絵画などの創作者」と書かれている。
でも、自分に作家の資格があるかと考えると、
いつも窮屈に感じて、気後れしてしまう。

そんなとき、ある旅人のエピソードを耳にした。
その旅人は、ヨーロッパのバーでバーテンダーと出会う。
バーテンダーは、自分のことを詩人だと言って
自己紹介したという。
旅人が「詩集を出版されたのですか？」と聞くと、
バーテンダーはこう答えた。
「詩集を出したことはありませんが、詩を書いているので詩人です」

何冊も本を出しているのに、
なぜ私は作家と呼ばれることに抵抗があるのだろうか。
一方で、詩集を一冊も出していないバーテンダーは、
なぜ堂々と自分は詩人だと言えたのだろうか。

これには個人の違いもあるかもしれないけど、文化の差が大きい。
学校教育を見てもわかる。
個性と自律性を重視する西洋社会では、
自分を特別な存在と見ることを重視している。
たとえば、『木を見る西洋人　森を見る東洋人』の著者の
リチャード・E・ニスベットによると、
彼の故郷では、教育において「知識を伝えること」と
「自尊心を育てること」のどちらが大切なのかをめぐって
論争があったという。
何でも論争のネタになるんだな、とも思ったけど、
西洋社会では、知識を教えることと同じぐらい、
自尊心を育てることが
教育の重要な目標になっている。

これに対して韓国社会は、一人一人の個性よりも、
集団の調和を重んじ、人間関係を優先する社会。
だから、小学校に入るとすぐに、
「正しい生活」という科目を学び、
人との付き合い方を真っ先に身につける。

実際のところ、こんな科目をわざわざ教える必要はない。
一言で言えば、家族や友人、隣人たちと争わずに
「仲良く」過ごしましょうというだけの話。

私たちは、自分をかけがえのない存在だと考え、
自分の感情を尊重するよりも、
他人の考えや感情に注意を払うような教育を受けてきた。

韓国には、人の顔色をうかがうことを意味する
「ヌンチ」という言葉がある。
韓国人のあいだでこの「ヌンチ」が発達したのも、
西洋人からすれば卑屈にも見える謙遜した態度をとるのも、
こうした文化から生まれた。

長い訓練を終えると、まわりの人とうまく付き合い、
空気の読めないやつだと非難されないために、
高度の「ヌンチ」と謙遜力を発揮して、
常に自分の資格を問い直すことになる。
もちろん、謙遜することも相手の気持ちに配慮することも、
美徳であることには違いない。

でもその価値は、人の目を気にして気後れすることではなく、
他人を尊重することにある。
相手の感情を考えるあまり、自分の感情を大切にできないのなら、
それは美徳とはいえない。
だから、疲れてしまうほどまわりを気にする必要もないし、
気後れするほど謙遜する必要もない。

あなたが
いちばん尊重しなければならない人は、
常にあなた自身。

+

根拠のない自信を少しと、
我が道を行く "Going my way" の精神をもとう！

自分の生き方を尊重する権利をもとう

インターネットでこんな文章を読んだことがある。
投稿者がウェイトレスのアルバイトをしていたときのこと。
客の中年女性が彼女のことを指さしながら、
自分の娘にこう言ったそうだ。
「勉強しないと、あんなふうになっちゃうわよ」
見当違いの侮辱を受けた彼女は、心のなかでイラッとしたという。
彼女は社会経験のためにアルバイトをしていただけであり、
バイト仲間たちも名門大学の学生だったからだ。
そこに中国人の客が来店した。
中国留学の経験があった彼女は、流暢な中国語で注文をとった。
すると、その姿を見た中年女性は目を丸くして、
気まずそうな表情になったという。

この文章を読んだ人たちは、この中年女性を批判した。
でも、はたしてアルバイトの彼女と中年女性とのあいだに
どんな違いがあるのだろうか。

彼女は続けて、自分は単純労働者ではなく、
ただ経験を積むためにアルバイトをしていたことを強調した。
その切々とした反論は、中年女性の言動そのものよりも、
「自分はこんな扱いを受ける人間ではない」という点に
重点が置かれていた。
一言で言うと、彼女は不本意だったのだ。
自分は社会経験のためにアルバイトをしているだけであり、
勉強をしなかったせいで
「あんなふうになった」人たちとは違うのに、と。

インターネットを見ていると、
「やる気を刺激する言葉」というものがあった。
「大学に行って合コンをする？　工場に行ってミシンを踏む？」
「1〜3等級はチキンを注文し、
4〜6等級はチキンを揚げ、7〜9等級はチキンを配達する」

一見すると韻を踏んでいて、
ウィットのきいた文章のように見えるけど、
この文章は工場でミシンを踏む人生、
チキンを配達する人生を
勉強しなかった罰とみなし、
汗水たらして働く人生をみじめだと決めつけている。
そして、この文章を読んだ私たちは、
働く人に対する蔑視と差別を
脳に定着させる。

このような差別の根は深い。
傍若無人な役人たちは、農家がつくったお米を食べているのに、
彼らを見下してきた。
そのなかで植え付けられた官尊民卑(かんそんみんぴ)(国家や官僚を尊いものとし、
民衆をそれに服従するものとして軽んじること)の職業観が、
資本主義の競争社会と相まって、さらにアップグレードされた。
この差別は、職業間の賃金格差の解消を妨げ、
それによってさらにひどい差別が生まれる。

では、何が問題なのだろうか。

1.
この問題は、万人は平等であるという
ヒューマニズムに反しているだけではない。
子どもたちは、「勉強しないとあんなふうになる」と言われ、
さまざまな「やる気を刺激する言葉」を読まされる。
そうすると当然、ドラマのなかのキャリアウーマンや
ビジネスマンのような未来だけを頭に描くようになる。

でも、現実にはたくさんの人が肉体労働者として働き、
平凡な職場で下積みの人生を送っている。

ドラマのセットのような暮らしができると思っていたのに、
子どものころに軽蔑していたような生活に足を踏み入れてしまう。
その事実を受け入れることができるだろうか……。

将来についての誇大妄想と差別が、
平凡な自分に羞恥心として跳ね返ってくる。
だから、自分が彼らと同じだという事実を認められない。
労働者の連帯がなかなかうまくいかない理由も、
この自己嫌悪にある。

2.
労働者に対する差別と蔑視の副作用は、別の方向にもあらわれる。
心の奥に差別と蔑視を抱き、工場でミシンを踏まないですむように、
チキンの配達をしないですむように、
歯を食いしばって努力すること。
そこには学ぶことの喜びも、好奇心も存在しない。
無視されて墜落することへの不安を燃料として勉強し、
不安がやわらぐと「やる気を刺激する言葉」を読んで、
また不安をチャージする。
もちろん、一時的に不安や緊張感をもつのは、
効率とやる気を高めてくれる。
だけど、不安と緊張感だけが人生の動力になってしまうと、
栄養ドリンクを飲んでも解消できない慢性疲労が
心のなかにたまっていくばかり。
親が子どもの幸せを願って口にした言葉が、
子どもを常に不安にさせている。

3.
では、望みの場所にたどり着ければ、
それで満足するのかというと……、
差別と蔑視を恐れることによって手にした成功には
「傲慢さ」がついて回る。

心のなかでそれ以外の力が働かないまま
傲慢さだけが大きくなっていくのは、
安全装置をつけずに高層ビルの上に立つようなもの。
常に高所恐怖症に襲われるようになる。
つまり、墜落への恐怖がどんどん大きくなるばかり。
さらに言うと、傲慢さが大きければ大きいほど、
落ちたときの衝撃も大きくなる。

朝鮮日報の元論説顧問、イ・テギュの文章を見てみよう。
彼の言葉を借りれば、
ヨーロッパの人たちは、状況や事情が変わると
それに合わせて生活水準を切り下げる。
ところが韓国人は、状況や事情が変わっても
生活を切り下げようとはせず、
仕方なく切り下げるときには、
つらくてみじめな気持ちになるのだという。

人生にはいろいろな道があるのに、
差別と蔑視をため込んだ人たちにとって、
生活水準の切り下げは、みじめで悲劇的なものでしかない。
差別は、差別される側には差恥心を、
差別する側には不安を抱かせる。
結局、誰の人生の助けにもならない。

もしあなたが、たえず不安をチャージしていたり、
理想の姿とかけ離れた生活を送る自分を
恥ずかしく感じているのなら、
自分に教えてあげてほしい。

工場でミシンを踏んでいても、チキンを配達していても、
それもまた人生だということを。
どんな人生だって、間違ってはいないということを。

人生も、勉強も、思い切り頑張ればいい。
でも、他の人の人生を侮辱してはいけない。

私たちには、
それぞれの人生を尊重しながら
生きていく権利があるのだから。

平凡な人生を侮辱することは、あなたの子どもを不安にさせるだけ

☑ Part 2

自分らしく生きていくための To do list

自分ではない姿で愛されるぐらいなら、
ありのままの自分の姿で憎まれたほうがましだ。

　　　──カート・コバーン

ゆるぎない自尊心をもとう

大人になるって、どういうことだろう。
哲学者のアラン・ド・ボトンによると、
それは、冷淡な人や自分の利益だけを考える人たちが
支配する世界で、自分の居場所を確保すること。
現実の世界は、童話の世界とは違う。
パワハラには怒りの声が挙がっているけど、
日常生活のあちこちに差別が氾濫している。
偏見に対して毅然とした態度で無視を決め込んでいても、
心はポケットのなかのクッキーのようにボロボロになってしまう。

だから自尊心を高める必要がある、とよく言われる。
世間の基準や評価に関係なく、自分を尊重する心を育てよう、と。
言っていることはよくわかるけど、
いざ実行に移そうとすると、簡単なことではない。

自尊心の高さは基本的に、
子どものころの経験と親の育て方に左右される。
親の愛情を感じることが少なかったり、
虐待、からかい、放置、非難などを経験したりすると、
自尊心がうまく育たずに苦しむことがある。

とはいえ、子ども時代の経験だけが
自尊心のあり方を決定づけるわけではない。
自尊心は、生涯をかけて変化していくもの。
自尊心の原理を最初に調べた臨床心理学者のナサニエル・
ブランデンは、健全な自尊心をもつために必要なこととして、
「自己有能感」と「自己尊重感」のふたつを挙げている。
自己有能感というのは、自分で自分の世話をして、
自分で問題に対処できるという、自分への信頼や自信のこと。
自己尊重感とは、自分を尊重し、
自分には愛される価値があると思えること。

それはそうと、この社会は
自尊心をしっかり守れるような社会なのだろうか？
健全な自尊心をもって育ったとしても、履歴書を数十枚書いても
突き返され、会社の消耗品になって職場を追われるような状況では、
「自分の力で生きていけます」という自己有能感をもつことは難しい。

履歴書だけであっさり人を序列化して差別するような社会では、
「ありのままの自分を尊重しよう」などという言葉は、
「さあ催眠術にかかりなさい」と言われるのと同じぐらい
うさんくさい気がする。
社会は自尊心なしには耐えられない場所になりつつあるのに、
個人は自尊心を守ることがいっそう難しくなっているのだから。

では、私たちはどうすれば、自尊心をめぐる悪循環を断ち切って、
この冷たい世界で自分の居場所を確保できるのだろう？
その方法には、ふたつの柱がある。

ひとつは、自尊心の土台となってくれる
「社会的な尊重」を耕すこと。
「尊重」というのは、宝石のような希少価値のあるものでは
決してない。
お金がかかるものでもない。
尊重が、誰でも手に入れられる公共の財産になれば、
他人から尊重してもらおうと必死になる必要もなくなる。
だから、尊重を公共の財産にしてしまおう。
お互いに尊重の燃料を与え合おう。

会社での地位や年収、職業や外見によって、
相手を選んで尊重するのではなく、
自分に対しても、他人に対しても、無条件で
公平に尊重すればいい。

ふたつ目の柱は、一人一人が自尊心についてもっと深く理解して、
行動を起こすこと。
そのためにはまず、ニセモノと本物の自尊心を区別して、
その意味を理解することが大切。

自尊心は、優越感をともなう傲慢さとは違う。
誰かに愛されたり、認められたりすることによって得られる
一時的な満足感でもない。

本物の自尊心は、自分に対する信頼であり、
自分は幸せになる権利があると信じる自己尊重感のこと。
これは、明らかな敗北を自分の心のなかで勝利とみなす
「精神勝利法」によって得られるものではない。
だから、じっと座ったまま自分を信頼するのは難しい。
自らの信念に反する生き方をしながら、自分を尊重するのも難しい。
つまり、自尊心とは、自分が信じ、尊重する内面の世界をしっかり
もって、その信念をもとに自分の生き方を選択、行動し、
責任を負う一連の流れのなかで手にする「内面の力」。

ここで大切なことがある。
韓国教育放送公社の『子どもの私生活』という
ドキュメンタリー番組で、親の態度が子どもの自尊心に
どんな影響を及ぼすかを調べるために、実験がおこなわれた。
実験ではまず、子どもたちにパズルのピースを与える。
パズルを完成させるのが子どもには難しい課題だとわかると、
自尊心の低い子どもの親は、自分が代わりにパズルを解こうとし、
自尊心の高い子どもの親は、子どもが自分で完成させるまで
じっと待っていた。

自尊心は、自分への信頼と尊重によって育つもの。
でも、それは問題を解決して目標を達成する成功体験を
積み重ねることによって生まれる。

この実験でわかったように、
何よりも大切なのは
自分自身でやってみること。

自分のことをきちんと考えられないまま、
他人と社会の見方にずるずると引きずられながら生きていても、
自尊心を育むことはできない。
だから、確固たる自尊心をもつための最初の一歩は、
はっきりしている。
「自分らしく生きること」

では、どうしたら自分らしい人生に近づけるのか、
次はそれを考えてみよう。

+
私についてきて！

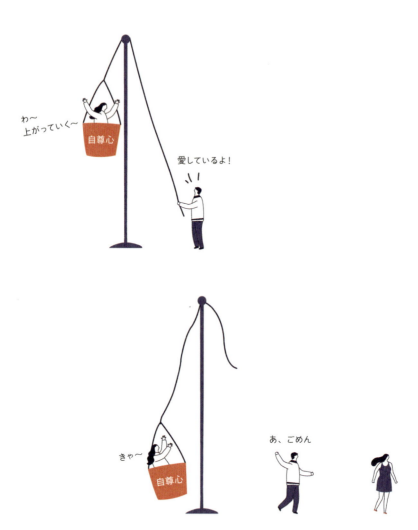

自分らしい人生って?

テレビドラマのなかで、男性の主人公が、
「どうしたの? きみらしくないな」と聞くと、
ヒロインが彼をキッとにらんで答える。
「私らしいって何よ?」——じつにもっともな答えだと思う。
自分らしく生きるべきだというセリフ自体は
うんざりするほど聞いていても、
「自分らしい」とは何か、さっぱりわからない。
なぜ私たちは「自分らしい」が何なのか、わからないのだろう。

心理学者のジェームズ・マーシアは、
アイデンティティの達成段階を4つに分類している。
4つの段階とは、上から「達成」「モラトリアム」「早期完了」「拡散」。
研究によると、74.4%もの韓国人が、アイデンティティの段階でも
下から二番目の「早期完了」に当てはまる。

早期完了というのは、社会的な価値観をそのまま受け入れ、
順応する段階のこと。
マーシアの理論によると、早期完了が下から二番目の
アイデンティティである理由は、危機の不在にある。

人生に危機がないなんて、何を言っているんだ、
と思うかもしれないけど、
ここでいう危機とは、オレオレ詐欺にあうとか、
合コンで知り合った女の子の前でカード決済ができないとか、
そんなことではなくて、
目標や価値や信念に対して自問や葛藤をしないことを意味する。

では、なぜ葛藤しなかったのだろう？
これは、自己を探求したり、自問したりすることを歓迎しない
文化のせいだ。

かつて、韓国朝鮮の道徳の中心だった儒教では、
個人は周囲の環境との関係のなかに置かれた
相互依存的な存在だと考えられていた。
個人のアイデンティティは、そのなかでどんな役割を
果たすかによって決まり、自問と探求をするよりも、
与えられた役割が世間でどのように考えられているかを学び、
それを実践することが重要だった。
つまり、社会が求める人間像に自分を合わせることが、
美しい人生だと考えられていた。

だから私たちは、独自の人生感や哲学をもとに生きるよりも、
社会や親が求める基準に合わせて生きることに慣れている。

だけどその結果、多くの人が自分の信念や哲学どころか、
自分の本当の姿すら描けないまま、偽りの自分を生きることになる。

この状況から抜け出せない決定的な理由は、強い依存心にある。

「まだ小さいから、大人の言うとおりにするのよ」と言われると、
子どもは、自分は弱くて劣った存在だと考えるようになる。
ほとんどの親は、子どもが弱くて劣っていることを理由に、
自立することを許さず、大人になる「過程」を奪ってきた。
「過程」を飛ばしたまま年を重ねて、
大人になったという「結果」だけが残されると、
自分の判断で決定することを恐れるようになり、
大人になってからも助言者を求めてしまう。

でも、僧侶でベストセラー作家の慧敏和尚(ヘミン)も、
人気旅行作家の韓飛野(ハンビヤ)も、
あなたがどんな人間なのかを教えてはくれない。
自分らしく生きるというのは、経験と模索のなかで、
自分の力で判断し、自分の力でものごとを決める方法を学ぶこと。

会社をやめてフリーランスになったからといって
自分らしくなれるわけではなく、
奇抜な趣味をもっていたとしても、それが自分らしいわけではない。

自分への理解を土台にして、
自分で判断し、決定し、生きることこそが、自分らしい人生。
その第一歩は、あなた自身に関心を向けること。
自分について、何か書いてみるのもいいかもしれない。

自分に関心をもって、
これまでどう生きてきたのか、
人生でどんな価値を大切にしたいのか、
何に幸せを感じるのか、
人とどう違うのかという、
「自己感覚」を探してみよう。

もちろん、それにはかなりの知性と努力がいる。
誰かへの依存心を捨てることも、怖いかもしれない。

けれども、その悩みと一瞬の怖さが過ぎ去ったとき、
初めて信頼して尊重できる、
自分らしい人生が始まるはず。

大人が言うところの「いい子」は、
大人の言うことをよく聞く子のこと

人生の問いを後回しにしない

厳しい競争のなかで
とりあえず勉強して、とりあえず大学に行って、
とりあえずキャリアを積んで、とりあえずお金を稼ぐ。
そうやって朝から晩まで、春から冬まで、
追われるようにして私たちは大人になった。
そんなある日、ふとこんな疑問を口にする。

「何がやりたいのか、自分でもわかりません」

そんな人たちにはこう聞き返したい。
「好きだからやってみたことって、何かある？」

子どものアイデンティティと自尊心について考えるテレビ番組に、
お手伝いが好きな、いわゆる「いい子」が登場した。
番組のスタッフがその子に、「何をするのが好き？」と質問すると、
その子は「ママのお使い」「パパの洗車のお手伝い」と答えた。

でも、スタッフが「人のためじゃなくて、
本当に自分が好きなことは?」と聞いてみると、
その子は答えに詰まってしまった。

自分がやりたいことではなく、
やらなければいけないことばかりに夢中になり、
欲求を抑えつけてきた人は、
自分が本当に好きなのは何なのか、何を望んでいるのかという、
自己感覚を失ってしまう。

自分が望む人生が何なのかが永遠に見つからないまま、
未知の場所に取り残されてしまう。

そうなりたくないのなら、
やらなければならないことではなく、
自分が本当に好きなことを見つけて、自己感覚を取り戻そう。

後回しにしていた人生の問いに、
今こそ答えよう。

当たり前だと思っていたことに疑問をぶつけよう

昔ある村に、夫婦と夫の母親、1歳になる息子が暮らしていた。
畑仕事に出ていた嫁が昼食を食べに家に戻ると、
認知症の姑（しゅうとめ）が鶏肉入りのおかゆを炊いてくれていた。
ありがたいと思って釜のふたを開けてみると、
なかには鶏ではなく息子が入っていた。
老いた姑が、鶏と孫を間違えて釜に入れてしまったのだ。
嫁は心を落ち着けて、鶏をさばき、
姑におかゆをつくると、死んだ我が子を裏山に埋めたのだった。
ワイドショーのネタにでもなりそうなこの猟奇事件は、
驚いたことに朝鮮王朝時代には、親孝行な嫁として称えられていた。

今ではとても理解できないこの話が、
美談として伝えられた理由は何だろうか。

当時は、個人の感情をできるだけ抑え、
「道理」という名の義務を果たすことが賞賛された。

どんなに怒りがこみ上げても、和を乱さないために、
個人は犠牲にならなくてはならない。そんな時代だった。

私が子どものころにも、勤勉さと誠実さが奨励された。
雨が降ろうが、風が吹こうが、病気にかかろうが、けがをしようが、
休まずに学校に行けば皆勤賞をもらえたし、
黒板の上には「勤勉と誠実」と書かれた標語が掲げられていた。

何のために？
勤勉と誠実が最高の美徳だと教えられていたのは、
当時の韓国が製造業のさかんな国だったことが関係している。
製造業では、創造力や個性よりも、
勤勉と誠実という資質が求められた。

このような美談と美徳が教えられたせいで、
子どもが釜で煮られて死んでも涙ひとつ流さない嫁は
冷血な児童虐待の共犯者ではなく、しっかり者の孝行嫁になり、

高熱にうなされても登校する子どもは他の生徒の模範になり、
ソクラテスが「悪法も法だ」と言ったというデマが飛び交い、
イスラム国家では自由恋愛をしたという理由で
娘を殺すことが名誉になったりもする。
このように、社会が美徳として人々の心に植えつけた考え方は、
怪談を美談に、暴力を名誉に変えてしまう。

それにもかかわらず、
私たちは今も社会が共通にもつ美徳と考え方を
永遠の真理だと思い込んでいる。
でも、価値というのは本来、個人が決めること。
私たちの人生に本当に必要なのは、
社会が勝手に決めた考え方なんかではなく、自分なりの信念だ。
では、私たちはどうすればいいのだろうか。

アメリカに留学して経済学を学んだ人から聞いた話では、
向こうの大学には「洗脳クラス（Brain Washing Class）」という
のがあるらしい。
これまで学んできた経済学の知識はすべて間違っているので、
授業で「洗脳」するそうだ。

そして、世界的な学者たちの経済理論を学ぶにあたって、
彼らの理論のどこが間違っているのかを探したおかげで、
新たな答えを見つけられたのだという。
だから私たちも、当たり前だと思っていたことを問い直してみよう。
あなたが信じてきたことは、本当にあなたの内面の声なのか、
それとも、いつの間にか丸ごと信じ込んでしまった他人の声なのか。
これまで真理だと信じてきたことを問い直すとき、
私たちは一歩先に進める。

社会で当たり前だと思われている考えを
自分なりの信念で上書きするために、
私たちにも"洗脳クラス"が必要だ。

＋
先日、国の雇用労働部（日本の厚生労働省にあたる）のサイトに
バカンス先でバイヤーとの交渉を成功させたキム主任の話が、
立派な事例として掲載されていた。
本来なら、休暇中の職員のプライベートな時間を妨害した会社を
告発すべきなのに！　まったくどうかしている。

最近のやつら（奴隷）は根性が足りん

なんとアリガタイお言葉

誰かの期待に応えようとしてはいけない

私は今、会社勤めをしていない。
フリーになって実現させたい
大げさな夢や理想があったわけでも、
大きな決断を下したわけでもない。
書きたいことがあったので、会社に就職する問題については、
まず本を書いてから考えることにしただけ。
そこで、ふと思った。私はどうしてこんなにも重大な決定を
こんなに簡単に下すことができたのだろう。

考えてみれば、私がそうできたのは
両親の教育方針のおかげだったと思う。
私はこれまで、親から何かを強要されたことがない。
何らかの選択をするときに意見をくれることはあっても、
両親は最終的には私の選択を尊重してくれた。
それだけでなく、
中学まで勉強せずに漫画ばかり読んでいた私とは違って、
姉は学校で1、2を争う優等生だったのに、
一度も姉と比較されたことがない。
そのおかげで、自分は親から認められていないのでは……、
という恐れを抱いたこともなく、自分で決断することにも慣れていた。

もちろん、こんな私にも
親にいいところを見せたいというプレッシャーはあった。
でも、そのプレッシャーすら振り切ったのは、
プレッシャーが大きいからといって
それが愛情と比例するわけではないと思ったから。
20代半ばのころ、食事をしながら親にこう宣言した。
「私への期待は捨てて、下宿人だと思ってね」

親からはもちろん怒られた。
「一生懸命に育てたのに、なんでそんなことを言うんだ」と。
でも、その後もずっと同じことを言いつづけた。
私だって、韓国の人気アイドル、元 miss A のスジみたいな
孝行娘になりたいと思わないわけじゃない。
できることなら、有名人になって親子いっしょに
トーク番組にでも出演できたらいいし、
それが無理だとしても、できるかぎりのことはしてあげたい。
親は私にとっていちばん大切な存在だから。
でも、私が肩に重荷を背負って生きたからといって、
親が幸せになるわけではないし、
親を失望させないようにと気を遣ったとしても、
できないものはできない。

私たちはただ、一人の個人として自分の人生に責任をもって
生きていくだけ。
その人生が両親の期待に応えられる場合もあれば、
そうではない場合もある。

親の期待に応えるためだけに生きろというのは、
愛ではなく、重荷であり強迫にすぎない。
自分の人生に責任をもつのが自分の役目だとすれば、
子どもは親の思いどおりには生きられない、
と悟るのが親の役目だと思う。

親から経済的に世話になったことが
重荷に思えるのなら、
最善を尽くして返済すること。
下宿代を払って下宿人になればいい。
でも、自分の人生まで捧げるのはやめておこう。

私たちが期待に応えるために力を尽くすべき唯一の存在は、
自分自身だけ。

自分以外の何者かになろうとしないこと

小学2年生のころ、将来の夢について話す時間があった。
私はキュリー夫人について聞いたことがあったので、
キュリー夫人のような化学者になりたいと言った。
実際の私には、生まれる前から、
化学者になれるような才能はなかったけど、
まだ小学2年生だったので、そんな叶いそうもないことを
言っても問題はなかった。
8歳の子どもが、物流会社で購買を担当したいとか、
中堅企業で会計管理をしたいとか言うほうがおかしい。

でも、大人になってからも、自分の夢が
「何をするか」ではなく、
「何になるか」のレベルにとどまっていたら、それは大きな問題。

いつだったか、皮膚科の医師と話をしたことがある。
彼はソウルにある医大を出て、江南(カンナム)の皮膚科専門病院で働いていた。

ところが、話をしているあいだずっと、一個人としての彼からは
何の個性や哲学も感じることができなかった。
むしろ、大人になれていない子どものような印象を受けた。
そこで、ふと彼に、今幸せかと質問してみた。
すると彼は1秒の迷いもなく「いや」と答えた。
はた目にはそれなりの職業に就いているのに、
もっとよい大学を出て、もっと大きな病院で働きたかったと
悔しがるだけだった。

社会的に認められた職業に就いている人が、
必ずしも幸福ではない場合が多い、という話を読んだことがある。
彼はまさしくそんな人だった。

机にしがみついて青少年期を過ごした彼は、
「医大に行けるから」医大に行ったという。
他のことを考える余裕もなく、
大学に入ってからも、せっせと医師になる勉強をして今に至った。

ところで、彼はなぜ幸せではないのだろう？
彼が追い求めてきたのは、社会的地位、経済的安定、
周囲の人から認められること。
自分を見つめることを知らずに生きてきたため、
内面が空虚なままだった。

そんな彼にとって重要なのは、医師になることだけ。
空っぽの内面と薄っぺらいアイデンティティを埋めようと、
医師という職業によりかかったにすぎない。

それでも彼は、幸せにはなれなかった。
医師になれば問題は解決すると思ったのに、より大きな病院、
より高い給料、よりよい社会的地位にこだわっているだけだった。
空っぽの内面は、どんな外的価値によっても
埋めることはできなかった。

もちろん、職業というのは、
単にお金を稼ぐ手段だけを意味するわけではない。
とはいえ、職業というのは、より自分らしくなるために必要な
ものであって、存在しない自我をつくり出してくれるわけではない。
核になる小さな雪玉がなければ、
雪だるまをつくることができないのと同じ。

自己の内面をないがしろにして、表面的な価値ばかりを追い求めて
いると、常に誰かと比較しながら生きなければならなくなる。
だから、決して本当の幸せと自尊心をつかみ取ることはできない。

私たちにとって大切なのは、自分を証明する名刺ではなく、
誰かに証明する必要のない自分自身になること。

私たちは、自分以外の何者かになる必要はありません

世の中が決めた正解に屈してはいけない

町内のカフェでたまたま、小学校で英語を教えているという
カナダ人と話す機会があった。
彼女は私に、韓国に来てみて
変だと思ったことについて話してくれた。
そのひとつは、韓国人は「Smart student(かしこい生徒)」を
「Good student(よい生徒)」だと思っているという点だった。
彼女が言うには、勉強はできなくても「Good student」はいるし、
勉強ができても「Good student」でない場合もあるという。

私たちが考える「Smart(かしこい)」=「Good(よい)」という
等式に、彼女は疑問をもっていた。

「いい暮らしをする」という言葉にも、それと似たような問題がある。
「いい暮らし」には、経済的な基盤の他にも、
健康な身体と、よい人間関係、
人生の哲学、芸術を楽しめる審美眼、
仕事で得られるやりがいなど、さまざまな価値がある。

でも、私たちにとっていい暮らしとは、
ただ「お金持ちの暮らし」という意味だけで使われる。

私たちはなぜ、こうした価値を忘れて、
ひとつの価値だけを見るようにプログラミングされて
しまったのだろうか。

それはおそらく、朝鮮戦争の後遺症である「6・25心性」※と、
反共主義が大きく影響している。
朝鮮戦争を経験した韓国人は、再び侵略されることを望まず、
のちの世代に絶望を引き継がせたくないと考えた。
そして、軍事独裁政権時代には、頭髪の取り締まりや夜間の
外出禁止という軍隊式の文化や、徹底的な統制を
人々に強要することになった。
また反共主義は、決められた答え以外を口にするのは思想的に
不純であるとみなすような社会をつくりあげた。
集団に強要される画一的な生活スタイルと答えに甘んじてきたのは、
何としてでも生き延びなくてはならなかった韓国人の
「サバイバル術」だった。

このような思考様式が韓国に根を下ろし、
何世代にもわたって続いた。
「輸出額100億ドル、国民所得1000ドル」といった
数字で表される目標に向かって突き進むやり方は、
そのまま「5kg減量、TOEIC900点達成」のような個人の
生活スタイルとして定着し、

画一的な社会の姿は、ひとつの答えだけを追い求める
個人の姿に引き継がれた。
だから私たちの社会では、体脂肪は17％、
体重は48kgでなければ不健康とされ、
明るくて控えめな性格で、
一流大学を出て大企業に勤めなくてはならなくなった。

高いハードルの先にひとつの正解を用意しておき、
正解したら病的なまでに褒めたたえ、間違えたらとことん侮辱する。
そこで誤答したとみなされた人は、
たった一人でその不条理な状況に耐えなくてはならない。

その結果、私たちに残されたのは、正解とされた少数派の傲慢と、
誤答とされた多数派の劣等感が凝縮された、病みきった社会だ。

イギリスのジャーナリスト、ダニエル・チューダーによると、
韓国は、教育、名誉、ルックス、職業的な成功といった分野で
達成不可能な高い基準を定め、それに画一的に合わせるよう、
大きなプレッシャーを課している国だという。

※6・25心性
「6・25」とは、1950年6月25日に始まった朝鮮戦争のこと。姜 俊 晩教授は『韓国人コード』
のなかで、朝鮮戦争という非人間的な惨事を経験した韓国人が身につけた極端な生存競争、
物質万能主義、手段を選ばない個人主義などを「6・25心性」と名付けた。

そして、達成不可能な目標を要求する韓国のことを
「不可能の国（The impossible country）」とチューダーは語る。
では、私たちが夢見る「理想の私」は、はたして実現可能だろうか。
みんながスリムになることはできない。
みんなが愛される性格になることもできない。
みんなが名門大学を出て大企業に就職することもできない。

みんながそうできるのは、
漫画『銀河鉄道999』に登場するような異常な惑星だけ。

もしも社会が、そして世の中が、
あなたにひとつの正解を押しつけてくるなら、
その理由を聞いたほうがいい。
不合理な採点に屈してはいけない。
その正解の前におじけづいて、自分の価値を下げてはいけない。

いい学生にもさまざまな定義があり、
いい暮らしにもいろいろなスタイルがある。
私たちは自分なりの答えをもつ権利がある。
それは誤答ではなく、各自にとっての正解だ。

ヘビーメタルこそが真理だと思う人たちは、
ビートルズにもヘビメタっぽさを求める。
でも、ヘビメタでなくても、ビートルズはビートルズ

見る目を養おう

20代前半のころに、人生のノウハウのようなものを
集めた本を読んだことがある。
そのノウハウのひとつは、安物の服を何着も買うのではなく、
よい服を一着買いなさいというものだった。

それからしばらくたって、自宅のクローゼットを見たときに
その言葉を思い出した。
セールだからと手当たりしだいに買った冬物のコート、
体型を考えずに、インターネット通販で
モデルの写真だけを見て買ったスカート、
母から外出を禁止されそうなセクシーな服が山積みになっていた。
とはいえ、過去の買い物を後悔しているわけではない。
当時は、いろんな服を着てみて失敗しながら、
どんなスタイルが自分に似合うのか、どんな服を選べばいいのか、
自分の好みを見つけて審美眼を養う時期だったから。

あなたも同じような失敗をした経験があるなら、
それは自分に合った服を探す努力をした、ということ。

だからこれからは、失敗を通じて養われた審美眼をもとに、
自分にぴったりの一着を探してみよう。

人生とは、結局、自分にぴったりな
質のいい一着の服を探すこと。

+
彼女には、ショートボブが最高。
彼には、ダンディールックがしっくり。
私には、アプリコットのチークがぴったり。
こうしたことは、新たなチャレンジをしたからこそわかる。

決まりきった経験は、自分を誤解する原因になる。
新しい経験をすれば、本当の自分を理解できる

自分で選択すること

人生とは、「B（Birth＝誕生）」と「D（Death＝死）」のあいだの
「C（Choice＝選択）」のこと。
ある哲学者が語ったこの言葉のように、いつ、
どんな選択をするのかが、私たちの人生を決定する。

ところが、まわりを見ると、選択を避けようとする人たちがいる。
慎重であることと、自分で決められないこととは、
まったく別の問題だ。
そうした人たちのなかには、
完璧な答えを求める強迫症の人もいるかもしれない。
でも多くの場合、自分の判断を信じる「自己信頼感」が欠けている。

選択をする自分自身を信じられず、
自分の選択に対して責任を負う自信もないので、
誰かが答えを出してくれることを期待したり
実際に損害が発生するまで選択を先延ばしにしたりしてしまう。
でも、これは単なる「時間の無駄」で終わる話ではない。

臨床心理学者のナサニエル・ブランデンによると、
自分がおこなった選択は
心の深い場所に蓄積され、その蓄積を自尊心と呼ぶ。
つまり、自分の人生における選択が集まって
自尊心が形づくられる。
これはどういうことだろうか？

自分で自分の人生をコントロールできるという自己信頼感は、
絶対に失敗しないと信じるときではなく、
自分なりに最もいいと考える決定を下し、
それがどんな結果につながっても、
その結果に責任をもつときに得られる。

ところが、自分で選択することができなければ、
自己信頼感を蓄積するだけの経験を積めない。
自己信頼感が貧弱なままだと、
責任を負うべき自分がそもそも形づくられない。

選択、責任、自己信頼感という3つの要素は
歯車のように噛み合っている。
それらがきしむことなくスムーズに回転するとき、
人は自分の意志や判断によって行動する生き方ができるようになる。
そして、その生き方のスタイルが自尊心としてあらわれる。

だから、もしあなたの隣の部屋に諸葛孔明(しょかつこうめい)が住んでいたとしても、
自分の決定権を委ねてはいけない。
過去というあなたのデータベースと、
失敗という経験、そして、
心のなかの羅針盤だけを信じて前進しよう。

人生に完璧な答案はないけど、
どのような答えを出すにしても、自分で責任を負えるなら
あなたの選択はすべて正しい。

自分なりの好みをもとう

私の元彼は、劇場の公演チケットを定期的に買って、
舞台を観に行くのが好きだった。
そのほとんどが、海外の芸術家の現代舞踊やパフォーマンスアート。
彼は必ず、彼女である私を誘った。
でも、劇場に何度足を運んでも、
私にはフラメンコ以外はおもしろいと思えなかった。
パンフレットを読んでも、何が書いてあるのか理解できず、
いくら高額チケットの舞台でも、
私は家で本でも読んでいるほうが好きだった。
だから、誰か他の人と行ったら、と勧めた。

公演の価値を否定するつもりはない。
現代舞踊を見て感動する人もいれば、
漫画『ONE PIECE』のフィギュアを見て感動する人もいるし、
アメリカの人気ドラマ『ゲーム・オブ・スローンズ』に
感動する人だっている。

なかには、人の好みに優劣をつけたり、
自分の好みを相手に押しつけたりする人もいるけど、

好みの違いは優劣の問題ではなく、
他人に押しつけられるものでもない。

人生を豊かにするには、自分の好みを探さないといけない。
そのためには、自分の感覚に正直になること。
他人の評価や見方を丸ごと受け入れたり、
SNSでウケそうなものばかり追いかけていてはいけない。
自分の好みを見つけ、それを深く掘り下げるために
いろいろなものに触れる努力も大切。
でも、好みというのは開発するものではなく、感じるもの。

私は、舞台公演よりも展覧会のほうが好きだし、
悲劇よりもコメディー映画のほうがいい。
ステーキにワインを合わせるより、
サムギョプサルとビビン冷麺のセットのほうが好き。

私たち一人一人に必要なのは、
履歴書の「趣味」の欄に書き込むための
もっともらしい好みではなく、
自分なりの好みだけ。

人生の味わいとロマンは、そこにある。

何年か前、映画『インセプション』を見て

あなたたち、人の好みを尊重しなさい

本当の自分と向き合うこと

誰かを嫌うというのは、とても疲れること。
なので、学校時代の私の悩みは、
嫌いな友達が増えつづけることだった。

高校生のとき、友達とケンカをした。
その友達と私は同じ部活に入っていて、
彼女は内申書の点数を上げるために、
部活の部長になりたがっていた。
そこで顧問の先生のところに行って、
自ら部長をやりたいと言っておきながら、
私には、先生から部長をやれと言われたと嘘をついた。

私は、そんな彼女のことを自己中心的だと思った。
そんなことが何度か重なって、彼女とのあいだに溝ができ、
彼女と顔を合わせると、私は露骨に嫌な顔をするようになった。

大人になってから当時の自分を思い出すと、
なぜわざわざ、嫌っていることを顔に出したのだろう、と思う。
気の合わない人なら、ただ距離を置けばよかったのに。

でも、子どもだったなと思う一方で、
その子には嫌われても仕方ない面もあったし、
誰かを嫌いになるのは確かによくないことではあるけど、
人として許されないほどの過ちではないとさえ思った。

そんなある日、ふと過去を振り返ったとき、
自分の過ちは常に許される範囲内にあったと思うのに、
なぜ友達の過ちは人として許せないと思ったのか……、
そんな疑問が浮かんだ。
実際のところ、利己的な気持ちは誰にでもあるものだし、
当時の私が子どもだったように、
その友達もまた子どもだっただけ。

今まで私は、自分が好きな面だけを「私」だと思ってきた。
利己的な友達に腹を立てる一方で、
自分は利己的な面なんてない完璧な人間のふりをして、
自分の嫌な面が目に入りそうになると、
見ないふりや、知らないふりを決め込んだ。
自分の嫌いな面を、自分の一部ではないかのようにごまかした。
私はなんて傲慢だったのだろう。

分析心理学の創始者、カール・グスタフ・ユングは、
自分では認めたくない性格を「影（シャドウ）」と名付け、
影は誰にでもあると主張した。
ユングによると、影を完全に取り除くことはできない。
健康な心を保つには、影とうまく付き合う必要がある。

私たちは、ひとつの出来事に対して
ひとつの感情だけをもつわけではない。
誰でも、認めたくない情けない部分や、
利己的な気持ちや、黒歴史がある。
でも、内面の影を見たくないといって無視を決め込んでしまうと、
アイデンティティが混乱し、
本当の自分を見失ってコントロールできなくなる。

健康な心を育むには、
自分の欠点をきちんと自覚して、受け入れよう。
自分の嫌な面も認めてあげることが大切。

ありのままの自分と出会えれば、
隠していた欲望を少しは許せるようになるかもしれない。
欲望の許容値を決めておけば、その分、自分に対しても、
他人に対しても、きっとやさしくなれる。

逃げたり、言い訳したりするのをやめて、
好きな自分と嫌いな自分が合わさった
本当の自分と向き合ったとき、
私たちは傲慢な人間ではなく
人間らしい人間として生きられる。

+
完璧な人間ではないからといって、その人を嫌いになることはない。
完璧なふりをする、その傲慢さに嫌気がさすのだから。

これが私？ 　　知らなかったの？
　　　　　　　これが本当の姿よ

完璧な人なんていない

自分が輝ける場所で生きていく

中学生のとき、友達といっしょに
役所でボランティア活動をしたことがある。
そこで私たちに与えられた仕事は、書類の項目をリスト化して、
いくつかの数字と照らし合わせて
間違いがないかを確認することだった。
私はそのころから数字が苦手で、書類を見た瞬間に疲れてしまった。
退屈に耐えながら、のろのろと仕事をしていた。
友達はそのあいだに文書の整理をすっかり終えて、
「ああ、楽しかった」と言った。
友達のそんな様子が不思議だったので尋ねると、
間違いを探してひとつひとつ整理していくことに達成感を
覚えたのだと答えた。
その友達はその後、学校で税務について学んで、
今は税務署で働いている。
どこに行っても、仕事のできる几帳面な職員として評価されるのは
間違いない。

自分の人生を大切にしながら生きていくには、
自分の才能をよく理解し、
その才能を発揮できる職業を選ぶことが大切だ。

そうでないと、仕事の苦痛に耐えるだけでなく、
自分を無価値だと思いつづけなくてはならない。

でも多くの人は、才能を見つけろと言われると、
芸術的なものや、少し特別なものばかりを思い浮かべる。
つまり、ずば抜けた才能にしか価値がないと考えてしまう。
そういう考えにとらわれると、
自分の才能や長所にきちんと目を向けられなくなる。

才能は鍛えることができるものだし、
レベルに合わせて違った使い方もできる。
たとえば、文章を書けるからといって、
全員が文学賞に挑戦する必要はない。
大切なのは、才能の度合いではなく、
自分にどんな才能があるのかを「具体的に」知ること。

では、才能とは何だろうか？
私が考える才能とは、
特定の仕事を人より「簡単に」できるということ。
それはいくつかの才能に限ったことではない。

書類をうまく整理する才能もあれば、
初対面の人と楽しく話ができる才能もあるし、
物まねが得意なのも才能、
聞き上手も一種の才能。
これらの才能は、絵や歌の才能とは違って
あまり目立たない。
だから、自分の才能と長所を見つけるために、
十分に注意を傾けて
自分の才能に「適した」仕事や場所を探そう。
あなたは何が好きなのか、
人よりも簡単にできることは何なのか、書き出してみよう。
よくわからなかったら、
インターネットで多重知能検査を受けてみるのもいい。
さまざまな方法で自分自身を知ろう。

そして、あなたが望むものと、
あなたがうまくできることの共通点を探そう。
もちろんそれは簡単ではないし、時間もかかるかもしれない。

でも、自分の人生に
それくらいの関心と努力を払えないなら、
この先、他人だけでなく、自分を大切にすることもできない。

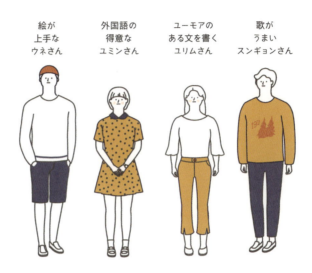

資本主義の最大の悲劇は、
お金に換算できない才能を無価値とみなすこと

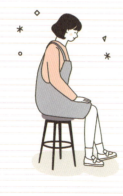

☑ Part 3

不安に
とらわれない
ための
to do list

心配しても明日の悲しみが減るわけではない。
心配は今日を生きる力を奪うだけだ。

——コーリー・テン・ブーム

人生のあいまいさに耐えること

私は占いが好きだった。
でも実際のところ、どれくらい当たるものなのだろう？
その好奇心を満たしてくれたのは、『李永敦(イヨンドン)プロデューサーが行く』
というテレビ番組だった。

「韓国の10大占い師を検証せよ」という特集で、
番組のスタッフが全国でも指折りの占い師たちを訪ねて
直接検証した。
検証方法は、連続殺人鬼の今と、幼いころに誘拐された
子どもの行方について占ってもらうというものだった。
なかには不思議なほど当たった占い師もいたが、
ほとんどの占い師は事実とまったく異なる話をし、
最初の検証で関門を通過した占い師はわずか6名。
その彼らも、2次関門では2名しか通過しなかった。
最終関門まで残った占い師でさえ、
自分が占った結果を100％確信することはできなかった。
占い料に1000万ウォン（約100万円）以上もかけたので、
少なくとも100人以上の占い師に会ったはずだが、占いの結果と
事実とがぴったり一致したのはわずか数例にすぎなかった。

結局のところ、占いというのは、
高麗人参の粉が5％しか含まれていない
高麗人参キャンディのように、
少しだけ真実が含まれた推測にすぎない。
にもかかわらず、私たちは人生の迷いを打ち消したくて
占いを受ける。
でも、ノストラダムスが現代に生き返ったとしても
未来を断言することはできない。
占い師の実力や占い料が足りないからではなく、
人生がそもそもあいまいだから。

迷いを振り切りたいあなたには申し訳ないけど、
タロット占いや四柱推命や神占（しんせん）（巫女が神の助けを借りて未来を
占うもの）などに
10年にわたって方法を選ばずに相当なお金を投じた結果、
私はこんな結論に達した。
人生とは結局、あいまいさに耐えるということ。

+
つまり、人が占いに頼るのは
すべてうまくいく、という一言を聞くためだけ。
"すべてうまくいく"
占い師よりも、自分の力を信じたほうがいい。

彼女は永遠に若い
彼は永遠に健康だ
彼女は永遠に寂しくない

これらの命題を
嘘にする最も簡単な方法は、
「永遠に」という言葉を入れること

問題を抱えながら生きていく方法を学ぶ

生きていれば誰でも、日常のふとした瞬間に
トラブルに見舞われることがある。
その解決策が見当たらないことだって少なくない。

取り返しのつかないこともあるし、
過去の失敗が今になって足かせになることもある。
事態がこじれないように、長い目で見守ったほうがいい問題もある。
そういうトラブルがたくさん押し寄せると、
人生ってなんて面倒なんだろうと、投げ出したくなる。

テレビゲームみたいに、人生もリセットしてリスタートできたなら、
どんなにいいだろう。
"この人生はおしまい"なんて言って、
後は死んだように生きるしかないのだろうか。

私にも、生きるのが面倒になったときがあった。
だけど、そんなふうに思っても
結局「それでも生きたい」と考え直した。
いくつか問題があったからといって、
人生を丸ごと放棄するのは納得できないし、

人から見たら取るに足らないこんな人生でも、
私にとってはすべてだから。

ドラマ『また!?　オ・ヘヨン』での主人公の言葉のように、
私はそれでも自分のことがいとおしくて、
うまくいくことを願っていた。

あなたも、そうかもしれない。
疲れ果てて、自分自身にうんざりして、受け入れがたい。
そんな人生を投げ出したいと思うときもある。
でも、自分以外に自分の人生を生きてくれる人はいない。
失敗したからといって、気に入らないからといって、
あなたの人生をほったらかしにして、慰めることもしなかったら、
それはあまりにも人生をないがしろにしている。
だから、人生のなかで何か不幸にぶつかったとしても、
いっぱい泣いて、いっぱい苦しんだ後は、
その不幸も抱きしめながら生きることを学ぼう。

あなたの苦しみなどたいしたことないからとか、
みんなそうやって生きているのだから、という理由からではなく、
あなたにとって最もいとおしい、あなたの人生だからこそ、
しっかり生き抜いてほしい。
心からそう思う。

誰にも変えられないことまで心配しながら、
完璧な安全を手に入れようとするのは、
無菌室のなかで冷蔵されて生きることを望むようなもの。

人生の安定感は、
不確実なことを完璧に取り除いたからといって
得られるものではない。
不確実さに立ち向かうなかで得られるもの。

人生、浮かぶときもあれば、
沈むときもある

自分だけの問題だと勘違いしない

私たちは子どものころから、仲むつまじくて、
無限の愛を与えてくれる両親のいる家を、
正常な家庭だと思ってきた。
だけど実際のところ、このように完璧な両親は
世間にどれほどいるだろう。
メディアに登場する演出された姿と、
表面的なもっともらしい姿だけを見て、
人は何ひとつ欠けたところのない理想的な状態が
「正常」だと錯覚する。
そして、その錯覚の結果、
「(他人が知らないだけで)自分は劣った存在だ」と思い、
心の奥底に劣等感を隠しもつようになる。

結局のところ、正常とはどういうことなのだろう?
少数派は正常ではないということ?
ひとつも欠けたところのない状態が正常なのだとしたら、
はたして欠点のない人生なんて存在するのだろうか?

ジークムント・フロイトは正常の基準を次のように定めた。
少しのヒステリーと、少しの偏執、少しの強迫症があること。
このように、正常とは完全無欠なものではなくて、
少しの傷と、少しの欠点と、少しの不足を意味するはず。
人生にはいろいろな形があり、
私たちはそれぞれ違う姿で生きる少数の存在にすぎない。

（実際）あなたがどんな家庭環境で育っても
（実際）あなたにどんな問題や欠点があっても、
それがどんなものであっても、みんな正常。

+
みんな、不幸をかたくなに隠すからわからないけど、
あなただけに降りかかる特別な不幸なんて、この世にはない。

予想外の出来事に見舞われたとき、
それを不運と見る人もいれば、
単なるハプニングと見る人もいる。

あなたが幸福かどうかは、この時点で決まる。

○ 未来のことについて適当なシナリオを書かない

以前、何でもないことでさえ心配でたまらない時期があった。
先に心配しておけば、いざ問題が起きたときに
安心できる気がしたから。
たとえば、咳が続いたときに、
肺の病気かもしれないと心配しながら病院に行くと、
インフルエンザだとわかったときにラッキーだと思える。
そんなふうに安心感を得るために、
最悪のことを考えて心配していた。
ところが、心とは不思議なもので、
極端なことばかり繰り返し考えていると、
しまいには咳が出ただけで肺の病にかかったかのように
怖くて震えるようになる。
このように、ゆがめられた過剰な心配は習慣になって、
一人で最悪の事態のリハーサルをしているうちに疲れきってしまう。

ところで、起こってもいないことを前もって心配するのは、
戦争が起きるのが怖くて防空壕で暮らしたり、
万一の用心のために、
すぐには使わないものを大量に買いだめするようなもの。

それは人生の浪費であり、不合理なこと。
では、どうすればこのような浪費を減らせるだろう？

心配というのは、不合理で無駄に否定的な考えから生まれる。
だから、大げさな心配から抜け出す方法は、
現実離れしたドラマみたいにゆがんだものの見方を
正すことから始まる。

あなたの心配を見つめてみよう。
実際には起こらないはずの最悪のケースを頭に描いていないか？
ただの咳なのに、肺病を心配してはいないか？
ゆがめられた未来にとらわれて、今を台無しにするのはやめよう。

あなたの苦しみは、自分で書いた適当なシナリオのせい。

韓国では、未来についての質問が多すぎます

イタリア **アルベルト**

未来にとらわれて
現在の人生を見失ってはいないだろうか

○ 本当の解決策を見つけよう

人間には、「魔術的思考」という原始的な思考がある。
たとえば、天気予報がなかった原始時代には、
雨がやまなかったり、台風が来たりすることは、
予想ができず、恐ろしいことだった。
原始人は神の怒りのせいで雨がやまないのだと考えて、
生娘を人身御供として捧げた。
実際には、雨は時が来ればやむし、
人身御供が雨雲に影響を及ぼすことはない。
それでも原始人は、状況をコントロールできると信じることで
安心した。
このように、人間の力では変えられない状況で生じる
不安や憂慮や恐怖をまぎらすために活用されるのが、魔術的思考だ。

私も、汚れを知らない子ども時代、学校で反共教育を受けたせいで、
それから1年間、夜寝る前に「戦争が起こりませんように」と
お祈りをしていたことがある。
私のお祈りが国際情勢に影響を及ぼすわけはないけど、
お祈りすれば戦争は起こらないだろう、と信じていた。

私たちは、原始人や10歳の子どもではないのに、
依然として魔術的思考に頼っている。
洪水を防ぐために生娘を人身御供に捧げ、
戦争を回避するために毎晩お祈りしたように、
自分の手に負えないことの前で、
お手軽でニセモノの解決策を信じて安心する。

だから、人はローンの重みに耐えかねて厄払いをしたり、
デートDVをする恋人の言い訳を信じたり、
問題が明らかになっているのに気づかないふりをしたり
幸せに結びつかないことに不合理な努力を払ったりする。
でも、ニセモノの解決策で逃げれば逃げるほど、
本当の解決策は遠ざかり、
本質的には何も解決しない。
時間がたてば問題も消えると信じたいけど、
後回しにした宿題を、寝ているあいだに妖精が代わりにやって
くれたりはしないように、時間では解決されない問題もある。

もし、あなたがある問題に引っかかって
足踏みしているように感じているなら、
これまでニセモノの解決策にしがみついていたせいかもしれない。
本当の問題をきちんと見つめてこなかったせいかもしれない。
そう振り返ってみよう。

怖くても、いつかは本当の問題を見つめて、
心配するのをやめて、計画を立ててみよう。
もちろん、それは面倒でしんどい作業かもしれないけど。

でも、本当の解決策を求めて一歩踏み出すとき、
私たちは初めて本当の自由を手に入れられる。

+
「光復(こうふく)」とは、あなたの心に意識の光を取り戻すこと。
長くとらわれていたあなたに、解放を。

歩いてきた道を振り返るとき、必要なのは
後悔ではなく、評価

これからの道を見つめるとき、必要なのは
心配ではなく、判断

過敏にならない

友達が交通事故にあった。
横断歩道を渡っていると、止まっていた車が急に走り出して、
いきなりぶつかってきたという。
初心者のミス。でも、幸いなことに、たいしたけがはなかった。
私はその話を聞いて以来、道を横断するたび、
車が動いていなくても不安を感じるようになってしまった。

不安とは、ネガティブで恐ろしい経験をすると、
それがまた繰り返されるかもしれないという、漠然とした予感のこと。
苦労を積み重ねれば、
ちょっとしたことには動じない大人になれそうなものだけど、
ネガティブな経験も積み重なっていくので、
実際には、年を取れば取るほど不安も大きくなってしまう。
そのネガティブな経験は、
友達の事故によって私に不安が転移したように、
間接的なものであっても影響を与えることがある。

私たちが生きる社会は、あまりにも不安が多い。
メディアは、さまざまな事件や事故を生々しく伝える。
健康情報番組を見れば、
病気予防のために注意すべきことがたくさん見つかる。
経済も不安定で、私たちの将来には何の保障もない。
誰もが神経を逆立て、
加湿器の殺菌剤が「殺菌」ではなく「殺人」をするような世の中。

このように「見るもの」や「聞くもの」が多すぎると、
過敏で不安になってしまう。
こうして私たちの心は、絶え間ない不安によって過敏になり、
過敏になった心は、
現実と認識との境界を破壊して、
何でもない状況だったとしても、
非常事態でも起きたかのように気が気でなくなる。
だから、今後は精神科医で脳科学者の李時炯博士の
『鈍感に生きよう』という本のタイトルのように、
少し鈍感になる必要がある。

敏感になりすぎた自分に、こう語りかけよう。
過去に起こったことは、それぞれ別個の出来事にすぎないし、
必ず悪いほうに向かうという根拠はない。
起こる可能性の低い問題まで、いちいち心配しながら生きることは
できない、と。

緊張をほぐして、あなたの頭のなかの世界ではなく、
本当のあなたの世界に戻ろう。
あなたが実際に経験してきた生活は、
あなたが考えているよりも平和だ。

味を引き立てるための調味料も
入れすぎると料理が台無しになる

十分に悲しむ

人生は、さまざまな別れの連続。
ときには大切な人と別れ、
愛されないまま過ぎさった子ども時代と別れ、
自分の抱いていた理想と別れ、
若さと別れ、
かつて自分が信じてきた真実と別れる。
こうした別れには、付き合いの長さとは関係なく、哀悼を捧げよう。

哀悼とは、心置きなく十分に悲しむこと。
ところが私たちは、別れの苦痛に向き合う勇気がなくて、
無理やり目をそむけたり、抑圧したり、
自分で自分の心を理解できずに、
悲しむ機会を自分に与えなかったりする。

十分に悲しめないときに人は鬱になる、
とフロイトは言った。

感情は、外に漏れ出ないようにふさいだとしても、
消えることはない。
だから、悲しみの過程を経ていない別れは、
洗い流されないまま、憂鬱という水たまりになって心にたまり、
人が前に進むのを妨げる。

あなたにも、原因のわからない不安と憂鬱があるかもしれない。
だとしたら、その実体を探す必要がある。
心の奥にじっと隠れて、一目見てわからなくても、
自分に質問し、糸口を探し、心のなかを探って、
その実体に近づこう。
実体がわかっても、それは捜査が終わっただけで、
事件の解決にはならない。
でも、実体を見つけるだけでも
感情に振り回されることはなくなるし、
十分に哀悼してあげられる。

だから、自分の心の奥底に質問を投げかけよう。
自分は何と別れたのか。

別れるしかなかったすべてのものたちに、
哀悼を捧げよう。

重要なものについて　　　　多くのものについて
深く考えること　　　　　　浅く考えること

問題の実体に近づくには、
考える量ではなく、深さが必要

しんどいときには、しんどいと言おう

私はあまり、しんどいとは口にしない。
人にそう言わないだけではなく、
自分でもあまり、しんどいと思ったことがない。
口に出すと、もっとしんどくなるような気がして、
いつも「大丈夫」と言う。
でも、しんどいのにしんどくないふりをして、
感情をごまかしていると、
自分に対する感覚が鈍くなる。
その鈍くなった感覚は、他の感情も鈍らせて、
自分が限界まで来てもそれに気づかずに、
エネルギーが底を突いた自分を放ったらかしにすることになる。

だから、誰もわかってくれなくても、状況が変わらなくても、
しんどいときには、しんどいと言って駄々をこねよう。
耐えられなければ、ちょっと立ち止まろう。
いつもいつも大丈夫だと言って、
気を引き締めてばかりいられないし、
いつもいつも強い人間でいることもできない。

だから、人生でやるべきタスクが多すぎたり、
責任感に溺れ死にそうになったり、
家に帰った瞬間に涙があふれそうになったりしたら、
「しんどい」と言おう。

誰もあなたの代わりにあなたを守ってはくれない。
耐えがたい犠牲に耐えるのは、自分を虐待しているのと同じ。
もう少し自己中心的になっても、もう少し無責任になっても大丈夫。
責任があるからと言いながら、
窒息するまで自分を放っておくことほど、
自分に対して無責任なことはない。

+
そんな意味で、すごくしんどかった。

私たちは、感情を表すのは、
悪いことだと学んだのかも

不安だからと手当たり次第に必死にやらない

考えてみると、私は大学を卒業した後
いろいろなことに手を出して、一生懸命生きてきた。
公募展で賞をとったこともあるし、
お金を払って変な団体のリーダー研修に参加したこともあるし、
サポーターズ（企業や公共団体の広報やイベント協力者）の仕事も
探して回った。
今思えば、今の自分の仕事に何の役にも立たないことを、
熱心にやっていた。

もちろん、どんな経験でも何かの役に立つ。
スティーブ・ジョブズがタイポグラフィーを習ったことが、
後になってアップルのデザインに影響を与えたように。
でも、時間は無限ではなく、
自分の専門的な領域があればこそ、
隠し芸的な経験も光を放つ。

私たちは、黙っていたらお払い箱になるような世の中で
生きているので、
どんなことも必死でやらなきゃいけないと思って汗をかき、
そうやって安心感を得ている。

でも、どこにも使い道のない半端な中国語と、
履歴書にも書けないようなお粗末な資格と、
何をしたのかも覚えていないようなことは、
人生に何の保障ももたらさないし、
その安心感はたちまち蒸発してしまう。

世の中には、あなたの不安を利用して、
お金儲けをしようとする人がたくさんいる。
だから、何が大切かを知らないと惑わされてしまう。
ただ自分が懸命に生きているのを証明しようとして、
集団から置いていかれないようにと思って、
不安に追われながら何かを一生懸命にやることはやめよう。
その代わりに、原点に戻ろう。

自分の人生のために何をするのか。
目的を立てて、方法を探そう。
あなたの目的をしっかりと意識して実践しよう。
安心感はそこから得られる。

私たちにできる最善のことは、
今、この瞬間を忠実に生きることだけ

☑ Part 4

共に
生きていくための
to do list

俺はね、人からよってたかって叩かれたときも、こう考えたのさ。
「お前らから叩かれたからって、俺の価値が下がるわけじゃなし、
お前らから褒められたからって、俺が偉くなるわけでもない。
だから、勝手にしやがれ。
お前らのおかげで俺がつまらない人間になったり、
偉い人間になったりすることはない。
だから俺は俺の人生を生きる」ってね。

――キム・ギョン『金薫は金薫だし、PSYはPSYだ』の金薫へのインタビューから

◆ お互いに最低限の礼儀を示そう

行方不明になって死体で発見された、ある男についての話が、
ニュースとインターネットを騒がせたことがあった。
一時期、インターネット上では、この事件が自殺か、他殺か、
それとも本人の過失による事故死なのかをめぐって、
さまざまな憶測が飛び交った。
自殺、他殺、本人の過失による事故死のどれが真実でも、
これが悲劇なのは間違いない。
異邦人にとってはスラム街もロマンをかき立て、
旅行者にとっては貧民窟も経験のひとつになり、
第三者にとっては誰かの悲劇もゴシップのネタになる。

だから私たちは、会ったこともない人たちの話を耳にすると、
無責任な好奇心を抑えられない。
でも、もしそれが自分のことだったら、
あなたはそれを許せるだろうか？
私たちには、他人の私生活を知る権利なんてない。

自分の人生を誰かのまな板の上に載せられるのが嫌なら、
他人の人生もまた、尊重する必要がある。
他人の人生を尊重しないくせに、
自分の人生だけを保護区に指定することはできない。
自分の過ちを忘れ去ってほしいのなら、
他人の過ちについても知ろうとしてはならない。

他人の私生活への好奇心を引っ込めよう。
それは、自分の人生を守るために必要なことであり、
私たちが人として互いに示さないといけない最低限の礼儀。

◆ すべての人に理解されようとしなくていい

結婚してる？　仕事は？　恋人は？　貯金は？
こうした質問を不都合だと思うなら、それはあなたの勘違い。
本当は、質問自体が不都合なのではない。
その質問によって下される、他人の判断が不都合なのだ。

自分のスタイルと違うという理由だけで、
私を色眼鏡で見て、いい加減な人間だと判断を下す。
自分のことすらよくわかっていないくせに、
他人に対しては、心理学者や犯罪捜査のプロファイラーや
公正中立な批評家気取りで、あっさりと判断する。

でも、二次方程式を理解できない人がいるなら、
問題は二次方程式ではなくて、
その人の理解力不足にあるのと同じで、
あなたを理解できない人がいるなら、
それもまた、あなたが問題なのではなく、
相手の理解力の問題かもしれない。

だから、そうした人たちを前にたじろぐ必要はないし、
自分の正しさを証明しようと頑張る必要もない。

あなたは、偏狭な人たちの理解を得るために
生きているのではない。
あなたの人生はあなたのものなのだから。

+
第三者の意見でしかないのに、
それを全知全能の神の視点のように考えるのは、あまりにも大げさ。
そんなことをしていると、真実を見誤るかもしれない。

誰かに理解されるために
生きているわけではない

◆ お互いの境界を守ろう

私には、いつも明るい親友がいる。
大学時代に課題を山ほど抱えても、徹夜で仕事をしても、
元気がなかったり、つらそうにしている様子を見たことがない。
そんな彼女の姿を、誰もが不思議がっていた。
いったい一点の陰りもない人間なんて、いるのだろうか？

10年以上も付き合ってきた友人として言わせてもらうと、
彼女は、人に知られたくないという恐れから
陰の部分を隠しているのではなく、
陰の部分が人より狭い。
体力があって、精神も健康で、おおらか。
ただし、彼女には自分から越えることはなく、
相手にも越えさせない、
彼女だけの領域があるように思う。
それは秘密が多いとか、腹黒い人間だとかいうことではない。
誰にでも自分だけの領域がある。
ただ、安定感を抱く領域の範囲が違うだけ。

私たちは子どものころから
「ちょっと、それって他人行儀じゃない？」という言葉で
人の境界に足を踏み入れる関係に慣れてしまっていて、
それを親密さの証だと思い込んできた。

でも、陰の部分を隅々まで探して、
境界をなくすことだけがよい関係ではない。
友達だからといって、境界の通行権を要求することはできない。
仮に誰かの境界の垣根が高くても、
それは他人が外から壊していいものではない。
個人のプライベートな領域をほじくり返すような関係は、
暴力的ですらある。
だから、よい関係とは、お互いの境界を尊重することであり、
よい友情とは、親密でありながらも
安定感が得られる距離を保ち、
愛情をもって結びつくような関係のこと。

+
境界を全部壊さなくても
彼女は私の親友。

バランスの悪い関係は
いつか壊れてしまう

◆ **寛大な個人主義者になること**

『嫌われる勇気』という本が日本と韓国でベストセラーになった。
「よく売れた」というレベルではなく、
出版不況の世の中に社会現象を巻き起こした。
この本がなぜ、日韓両国でベストセラーになったのだろう？
両国は「幸福度の研究」で重要な国だと考えられている。
経済水準は高いのに、幸福度が目に見えて低いから。

なぜだろう？
幸福度を測るうえで、個人主義は重要な文化的特徴のひとつ。
個人主義が強い社会では、収入とは関係なく
人々の幸福度が高くなる。
逆に、個人主義が十分に発達していない国では、
経済水準が高くても幸福感は高まらない。
超集団主義社会の日本や韓国には、それが当てはまる。

では、集団主義のどんな面が、個人の幸福を妨げているのだろう？
集団主義の社会では、集団の和や目標を個人の自由よりも優先し、

集団が生き残るために個人を統制する。
それだけでもかなり疲れる話だけど、
もっと大きな問題は、統制の方法にある。

社会が個人を統制する方法として、
個人主義社会ではおもに「罪悪感」を利用し、
集団主義社会では「羞恥心」を利用する。
罪悪感が自分の内面に生じる恥なら、
羞恥心は他人の目を通して感じる恥。
だから私たちは、お互いを統制し、
他人の目を意識するように求められる。
常に相手の立場に立ってものを見るように教わってきたせいで、
他人の目で自分の行動を点検し、
その結果、「お金持ちになって見返してやりたい」とか、
「人さまに恥ずかしくない生き方をしたい」といった
つまらないことを言うようになる。

このように、必要以上に人目を意識するのは、
心に監視カメラを設置するようなもの。
誰かに見られているという感覚のせいで、緊張し、不安になる。
だから、『嫌われる勇気』が日本と韓国で爆発的に売れたことは、
両国民が他人の目を恐れて生きていることを裏付けている。
また、集団主義社会で生きることの面倒くささを表してもいる。

韓国が集団主義社会になったのは、
共同労働を基本とする農耕社会の影響だと言われている。
でも、今はみんなでいっしょに米をつくっているわけではない。
「嫌われる勇気」より大切なのは、「寛大な個人主義」。
何でも西洋のものがよいといっているわけではなく、
今の集団主義文化は利点より弊害のほうが多いということ。
研究によると、個人主義社会は、
反社会的行動が多いという一般的なイメージとは裏腹に、
親切さ、寛大さ、社会的協力と結びつく社会なのだという。
お互いのありのままの姿を尊重するので、
温もりのある関係がつくられる。

今の私たちには、ふたつの変化が必要だと思う。
ひとつは、他人の人生に過度な関心をもたず、干渉しないこと。
これは、感受性をどのように育てるかという問題。
もうひとつは、他人の反応に過敏にならないこと。
一人一人の生き方と価値観を認め、共に生きる方法を学ぼう。
私も完璧ではないけど、努力を続けている。

私とあなたがもう少し幸せになるため、
お互いに真心をこめて。

私たちに必要なのは、
心配ではなく尊重

◆ 日常で勝ち負けを決めない

大学のオリエンテーションで出会った女の子と、
こんな会話を交わしたことがある。
彼女はソウルの美術高校出身で、
私たちの学科にはその高校の出身者が何人かいた。
「AさんもBさんも、同級生なんだってね！
ずっといっしょでいいなあ」
「でも、仲がいいわけではないし……」
「え？　なんで？」「だって、競争相手だから」
私はそれを聞いて、中高生向けのドラマでも
見ているかのような気がした。

今思えば、彼女の言い方も少しオーバーだった気がする。
でも、それは私が世間知らずだっただけで、
そのころにはすでに、競争原理が人間関係を深くむしばんでいた。
私も学生のころは、
『成績をあげる秘訣』というタイトルの本を読んだことがある。
その秘訣とは、ライバルをつくって、
その人を思い浮かべながら勉強するというものだった。
それで私も、友達の一人をライバルだと思ってみたけど、
長続きはしなかった。

全国には星の数ほど、私より勉強できる人がいるのだから、
友達の一人に勝ったところで、たいした意味があるようには
思えなかった。
たまたま私は、その本の内容を真に受けなかったけど、
この本を読んでライバルをつくった人も多いと思う。

友情を築き、社会への信頼を築くべき時期なのに、
少しでもよい大学に入って、少しでもよい成績をとるためだけに、
「人間関係は競争だ」と教えられた。
そのせいで、他人は信頼対象ではなく競争相手になり、
共同体意識が破壊され、他人や社会に対する信頼が損なわれた。
だから、韓国社会は超集団主義の社会なのに、
OECD（経済協力開発機構）が発表した「共同体指数」も
「社会的関係」も最下位だった。

つまり、個人主義が定着している西欧社会よりも、
共同体として貧弱だということになる。
依然として根強い集団主義文化のなかで、
人々は他人の視線を気にしながら行動し、
そこには何の信頼も絆もない。
人間関係のなかで窒息しそうになりながら、
孤独でバラバラな個人だけが残された。
その事実が私たちの気持ちを重くする。

そこまでして手にしたものは何だろう？
競争主義が競争力をもたらしたかというと、
私はそう思わない。
世界的に権威のある文学賞のひとつ、
マン・ブッカー賞を受賞した小説家の韓江(ハンガン)は、
ジュリアン・バーンズや村上春樹をライバル視して、
必死になって『菜食主義者』を書いたわけではない。

もし、人間関係で少しでも損することを我慢できず、
いとこが家を買うと聞いただけで機嫌が悪くなり、
年がら年中、勝ち負けにこだわっているようなら、
知らないうちに競争主義に染まっているのかもしれない。
でも、競争心は疲労と緊張をもたらすだけ。
競争に勝つ力を生み出すことはない。
自分以外を全員ライバル視して、嫌な気持ちになるぐらいなら、
そのあいだに本当にやるべきことを探し、
自分の世界をつくっていこう。

さらに、もう一歩踏み出して、他人への信頼感を回復させ、
お互いにランク付けをし合わない共同体を取り戻そう。

その安全な垣根のなかで自分の世界をつくるとき、
あなたの力と可能性がもっとはっきりと見えてくる。

誰もあなたの幸せを
盗んだことはありません

◆ 憎まれることを恐れて、いい人になるのはやめよう

子どものころ、裏で悪口を言っているくせに、
表ではニコニコ笑っている人のことを、
うわべだけの人間だと思っていた。
だから私は、裏でも表でも悪口を言っていた
(それがよいことだったと言うつもりはない)。
そのせいで私には敵が多かった。

ところが、誰かに嫌われているかもしれないというのは、
たとえその人に会うことがなくても不愉快なものだった。
私はいい人になりたかった。
誰かが私の陰口を言っていると聞いても、
自分が悪意さえもたなければいい、と考えた。
そうしているうちに私は、いい人ではなく、
言いたいこともろくに言えない人になってしまった。

では、私はなぜ、いい人でなければならないのか?
もちろん、私は今でも、いい人でありたいと思っている。

自分自身にとって、大切な人たちにとって。
私の助けを必要としている人たちにとって。

でも、私のことを勝手に評価する人に対してまで
いい人であろうとすると、正当防衛の権利まで失ってしまう。
私は人と対等な存在であって、弱者ではなく、
誰かが私を嫌っても、そのせいで私の人生が
ぶち壊しになるわけではない。
だから私はもう、憎まれるのを恐れて、
いい人であろうとするのはやめようと思う。

他人を傷つけないのは立派なことだけど、
自分を守るのは、自分に対する責任であり、権利だから。

+

To my enemies,
I will destroy you.

私がどうかしている？
そうだよ。わかっているなら、気をつけたほうがいい。

恥じる必要のないことを恥じない

私の母には、幼いころに熱病にかかったせいで、
顔面神経麻痺の後遺症があった。
だけど、子ども時代の私は、
一度も母の顔を変だと思ったことはない。
ところが、小学3年生のときに、母といっしょに遠足に行くと、
同じクラスの女の子が母を見て「変な顔」と言った。
子どものころの私はというと、
幼稚園でプールに行ったときに、
一人だけ隠れて水着に着替えていたぐらいの
恥ずかしがり屋だった。
でも、母を「変な顔」と友達に言われても
全然恥ずかしくなかった。
母の顔に熱病の後遺症が残っていることの
何が恥ずかしいのだろう。

友達の知り合いが産後ケア施設に行ったときのこと。
同じ施設に入所していた人が、相手の夫の職業は何か、
マンション住まいか一軒家か、

持ち家か賃貸かをわざわざ確認してから、
何人かとだけ連絡先を交換していたという。
私はそれを聞いて、小学生でもあるまいし、とあきれてしまった。
礼儀をわきまえず、自分の基準で他人を選別する人たち。
問題は、この話を聞いた別の友達が産後ケア施設に行ったとき、
何となく他の人たちと距離を置いてしまったこと。
これでは悪循環。
みっともないのは、勝手に他人を選別するあの人たちなのに、
そうじゃない人が気後れして、人を警戒して心を閉ざしてしまう。

では、私たちは何を恥じなければならないのだろう？
本当に恥じるべきなのは誰なのだろう？

むやみに騒いでいる人こそ、自分の小ささや、無礼さ、
低俗さを恥じたほうがいい。あなたが恥じる必要はない。

無礼な人たちに「口を慎みなさい」とまでは言えなくても、
恥じる必要のないことを
恥じるのをやめよう。

+
他人をむやみに笑いものにする人こそ、
いちばんの笑いもの。

『知ってるお兄さん』というバラエティ番組で、
女性芸能人が歌手のJessiの胸を指さして言った。
「何それ。ニセモノなの？」
するとJessiはこう返した。
「ニセモノでも、本物でも、関係ないでしょ」
そう。あなたに関係ないでしょ。

◆ 誰とでも仲良くしようと、頑張らない

友達の家に近所のおばあさんが遊びに来て、
これからもときどき来てもいいかと、その友達に聞いたという。
その子はやさしく、人の頼みを断れないタイプだったので、
「いいですよ」と答えた。
すると、今度はおばあさんの孫娘が家に来て、
あやしい宗教の勧誘を始め、
さらには、その孫の友達まで押しかけてきた。

親切な人を困らせる人たちは、どこにでもいる。
だから、親切はほどほどにしておこう。
たとえ相手が困ったとしても、
こちらの要求を通したり、相手の頼みを断ったり、
断固とした態度をとらなければならない場合もある。
もちろん、それは簡単なことではない。私もよく悩んでいる。
相手にとって都合のいい人のままでいいのか？
こちらの負担は許容範囲内なのか？

いい人のままでいるために
自分の負担や損害が大きくなるぐらいなら、
気難しい人になったほうがよっぽどまし。

計算高い人になることと、
自分の領域を守ることはまったく別の話。

それに、犠牲を払ってでも守ってあげたいほど素敵な人なら、
その人は、私の要求や断る理由を理解してくれるはず。
私の都合を聞いて腹を立てるような人なら、
そんな関係を守るためにわざわざ苦労する必要はない。

私たちは他人の領域を侵してはいけないけど、
自分の領域も守ったほうがいい。

だから、誰とでも仲良くするのは無理がある。
申し訳ないけど、私たちがいちばん大切にすべきなのは、
いつでも自分自身なのだから。

あなたのことを大切に思ってくれる人は、
最初から無理なお願いなんてしてこない

◆ 経年劣化と完全な破損を区別する

買ったばかりの携帯電話に傷がつくと、
心がずーんと重くなる。
機能に問題はないけど、不注意でできてしまったちょっとした傷。
経年劣化による傷は、どんなに気をつけていても避けられない。
だから、気にして暗い気持ちになるより、
仕方がないことと思ったほうがいい。
ちょっとした傷を完全な破損といっしょにして、
そのたびに新しい携帯電話を買っていたら、生活が破綻してしまう。

ところで、経年劣化による傷というのは、人間関係にも当てはまる。
どんなによい関係でも、傷がついてしまうことがある。
何も問題のない、完璧な関係なんてありえない。
もちろん、ついてしまった傷が大きければ、
新しい関係を探したほうがいい。
でも、時間とともに自然と傷がついていくたびに、
心のなかで「もうあいつとは無理」なんて思っていたら、
どんな関係も続かなくなってしまう。

潔癖な関係を求める人が行き着く先は、「独りぼっち」。
結局、自分だけが損をすることになる。

だから、人間関係に傷ができたときは、その傷をよく見てみよう。
その傷は、友情や愛が
まったく機能しなくなるほどの完全な破損なのか。
それとも、これまでの関係から考えれば、
許すことのできる小さな傷なのか。

+
Best Friend（最善の友）だけを期待して
Good Friend（よき友）の価値を忘れてはいけない。

相手が変わったのではない。
二人とも、より自分らしくなっただけ

今の関係に最善を尽くす

10代から20代、さらに30代に差しかかるなかで、
私の友達リストは何度か更新された。
変わらずランキングの上位にいる人もいれば、
疎遠になって連絡先のわからない人もいる。
縁があって、多くの共通点をもつようになった人もいる。
過去の関係についてよく考えてみると、
いつまでも続くと思っていた友情が
予想外に早く終わりを迎えたとき、
その関係を維持できなかったことへの罪悪感とともに、
不安を感じる。
過去の私はなぜ、もっと大人になれなかったのか？
今の私はどれくらい変わったのか？

でも、よくよく考えると、相手に限界があったのと同じく、
私にも限界があっただけのように思える。
これまでの人生で結んだ縁を
すべて蓄積しておくことはできないのだから、
元々薄かった縁がすり減って消えただけのこと。

私たちが特にダメな人間というわけではない。
考えてみれば、友情の終わりは誰の人生にも起こる、
当たり前のことなのだから。

過ぎ去った関係について自分を責めるのも、
残された関係を壊さないように執着するのもやめよう。
その代わりに、今自分の近くにいる人たちに対して、
いい人でいよう。
今の自分に似た、新しい友達に出会おう。

あなたに誰かが必要なように、
誰かもあなたを必要としている。
完璧ではない私たちは、
そうやってお互いに寄りかかりながら生きていく。

孤独だからといって不誠実な人といっしょにいたら、
孤独に苦しみが加わるだけ

◆ ゴーサインが出たら進め！

人は誰でも、意中の相手の気持ちを推し量り、
ゴーサインが灯っているかどうかを確認しようとする。
ところが、「相手から連絡がない」という問題をひとつとってみても、

1. 指を骨折した
2. そもそも眼中にない
3. 大事な仕事があって多忙
4. あなたから先に連絡してくるのを待っている

など、相手の性格や状況に応じてさまざまな理由が考えられる。
どれかひとつに解釈を絞ることはできない。
いつだって人によるものだし、ケースバイケースだから。
そのため、恋愛の達人のアドバイスも、
タロットカードの女帝による断言も、
相手の本心を言い当てることはできない。

それでも相手の心にゴーサインが灯っているかどうか
知りたかったら？
いちばんよいのは、
自分にこう問いかけてみること。
「あの人は私のことをどう考えているんだろう？」ではなく、
「私はあの人のことをどう考えているんだろう？」と。

この質問の答えが
「私はあの人が好き」であれば、
それは「本物の」ゴーサイン。
前進するしかない。

+
暇だから恋愛でもしてみるか、ぐらいの気持ちで
相手との距離ばかり測っている、
そんな臆病者に、恋なんてもったいない。

◆ **それでも誰かといっしょにいる**

孤独力をテーマにした本がベストセラーになったことがある。
人はなぜこのような本を読むのだろう?
ソ・ウングク博士の著書『幸福の起源』には、
人類のDNAは生き残りのための指南書だ、という話が出てくる。
本の内容が印象的だったので説明すると、
DNAには先祖の「生き残りマニュアル」が詰まっていて、
生存にとって不利な行動をすると、その行動が抑制されるように
ストレスシステムが作動し(ストレスの原理)、
生存にとって有利な行動をすると、その行動を繰り返すように
ドーパミンがどんどん分泌される(幸福の原理)。
だから、おなかがすくとストレスを感じ、
おいしいものを食べると幸せな気持ちになるのは、
DNAの生存戦略だといえる。

では、人類の祖先にとって、生存に直結する
最重要課題は何だったのだろう?

それは、食べものと、人間関係のふたつ。
大昔にさかのぼってみよう。
集団で生活していた祖先たちにとって、
その集団から離脱することは、死を意味していた。
だから、人間関係にひびが入ったときに感じる圧迫感やストレスは、
生存に対する脅威のセンサーだといえる。

食べることへの不安が少ない現代人にとって、
人間関係は最大のストレス要素として残り、
強力な脅威のセンサーになった。
だから、人間関係に疲れきった現代人にとって、
一人でいることの意味や喜びを説く本が魅力的でないはずがない。

実際に、この本に書かれているとおり。
今や、誰かが私を憎もうが、
この世がテレビドラマ『ウォーキング・デッド』の
セットにでもならないかぎり、
おなかがすけばクレジットカードで食べものを買えるし、
危険が迫れば警察を呼べるし、
万一のときには保険会社がある。
新世界が目の前にある。
だから、もはや孤独であっても、どうにか生きてはいける(万歳!)。

DNAが過剰反応しているだけで、
少しぐらい人から憎まれたって死にはしない。
ただ、この喜ばしいニュースの問題点は、
DNAが新世界に合わせてアップデートされていないこと。
人間関係は生存のための必須条件だったので、
人は人間関係にひびが入ると最大のストレスを感じる。
逆に言えば、よい人間関係を結ぶときに最大の喜びを感じる。

新世界でこんなことを言うのは時代遅れかもしれないけど、
結局私たちは、誰かといっしょにいるときがいちばん幸せ。
これは文学ではなく、進化心理学の話であり、
感性ではなく、本能的にそうなっている。

だから、一人でも幸せになれると思って
わざわざ茨の道を選ばないで、
たくさんの人のなかから自分と波長が合った人を見つけよう。
腐ったものを食べておなかを壊したからといって、
断食する必要がないのと同じで、
変人と付き合って疲れたからといって、
すべての人間関係を断ち切る必要はない。
大切なのは、傷んだ食べものを嗅ぎ分ける嗅覚。
そして、誠実さに欠ける人を寄せつけない目をもつこと。

あなたがどんな状況にあっても、
あなたのことを理解し、尊重してくれる友情を探そう。
自分の欠点をあざ笑うことは決してないという信頼。
そのように信頼できる誰かにとって、
自分も信頼できる人間になること。
それが最高の安定剤であり、
幸福という抽象的な言葉が示している唯一の実体。

+

約束の時間に遅れたときに必要なのは、
言い訳ではなく謝罪。
片思い中の人に必要なのは、
タロット占いではなく勇気。
孤独な人に必要なのは、
孤独に耐える力ではなく、誠実な誰か。

友よ、
人生がうまくいかず、
思いもよらぬ問題が次々に押し寄せたとき、
説明できない、あるいは
説明したくないことについて、

大げさに慰めるのではなく
ただ淡々とそばにいてくれたのがありがたかった。

☑ Part 5

よりよい世界に するための to do list

政治から目を背けることの最大の代償は、
最も俗悪な人間たちに支配されることだ。

———プラトン

ときにはつまらない話もする

テレビ番組で、土のスプーンと金のスプーン（生まれつきの貧富の
差をスプーンの素材の違いで揶揄する造語）が話題になっていた。
当時は、どこに行ってもこの話でもちきりだった。
番組のパネラーの一人が言った。
「レストランを選ぶとき、その店のスプーンのことなんか気にしない。
大切なのはスプーンではなく、そのスプーンで何を食べるか。
だから、スプーンなんかにこだわらずに、
食べたいものを食べなさい」
ホッとするような、うまいたとえ話で、
その人の善意も伝わってきた。

でも、土のスプーンと金のスプーンの話は、
本物のスプーンのことを言っているわけではない。
話の要点は、世襲資本主義について。
産業の基盤がどんどん拡張していたころは、
成功のチャンスをつかむのも簡単だったし、
貧しい家庭の出身者でも出世してお金持ちになることができた。
でも今は、それも失われつつある。

親の富や社会的地位によって、与えられる機会に差があり、
それが所得と職業格差に結びつく。
そして資本が世襲され、階層が固定化していく。
つまり、土のスプーンと金のスプーンの話は、
社会階層の固定化の問題。
だから大まじめにその解決策を考えるなら、
資本の世襲と機会の不平等を
どう緩和していくのか考えて答えを出したほうがいい。
私は不平不満を言いたいわけではなく、社会を正したいだけ。

これまで何冊かの本を出して、個人的な慰めとエールを送った。
けれど、個人的な慰めを送っているつもりが、
この社会が直面している問題の表面だけをすくって、
社会的な議論を遠くに押しやってしまったのではないだろうか。
石ころにつまずいて転んだのをいちいち慰めてもらおうとするのは、
集団的な退行だと思う。
誰も石を片付けようとせず、ただ傍観するだけ。
機知に富んだたとえ話で、軽く、
クールに受け流すほうが楽かもしれない。
私だって、どうせなら深刻な話はしたくない。
でもときには、難しくて、複雑で、
おもしろくない話もする必要がある。
私たちは、心してそういう話に耳を傾けたほうがいい。

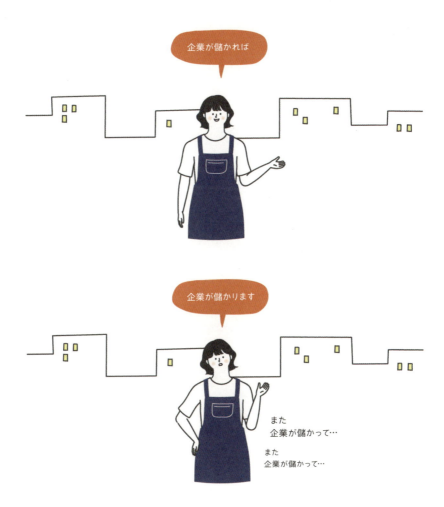

自分を責めない

テレビの芸能番組で、観覧客にマイクが向けられた。
少年が母親にこう言った。
「お母さん、そのうち僕がベンツを買ってあげるよ」
その言葉を聞いて、母親は息子をほほえましげな笑顔で見つめた。
もちろん、その気持ちは健気だと思うけど、
私は少し変わり者だからか、なんだかほろ苦い気持ちになった。
申し訳ないけど、その子が母親に
ベンツを買ってあげられる可能性は低い。
その子がダメだという話ではなく、
本当に例外的なケース以外は、無理だと思う。

「へその緒を切った瞬間に金づるにつながる」という言葉のように、
子どもが生まれた瞬間から、親は子育てに多くのお金を使う。
厳しい競争を勝ち抜くために、高額な教育費も負担する。

大学に行けば数千万ウォン（数百万円）の授業料がかかるし、
一人暮らしをすれば、家賃や生活費に毎月何十万ウォン（何万円）
もかかる。

もちろん、状況によって違うと思うけど、
社会に足を踏み入れるまで、
子は親から莫大な借りを背負うことになる。
だから、大きくなったらベンツを買ってあげるという言葉が出る。
親のすねをかじったからには、
ベンツぐらいは買ってあげないと借りを返せない……。

でも問題は、借りを返すのが簡単ではないこと。
就職は難しい。社会に出るのも遅くなる。
5%の人だけが大企業や公社などの安定した職場に就職し
（それでもベンツはプレゼントできない）、
ほとんどの場合、就職できたとしても
給料は生活を支えるので精いっぱい。
その月給で結婚でもして新居を構えれば、
銀行に借金するか、親の手を借りないといけない。

子どもが生まれたら、自分が親にしてもらったように、
高い教育費と子育て費用を支払う。
こんなサイクルの繰り返しでは、
親にベンツを買ってあげられる日など来るはずがない。
このサイクルのなかでは、誰も間違ったことはしていない。
なのに、ただこの世に存在しているだけ、
平凡な人生を生きているだけで、
なぜ、これほど大きな借りを背負わなくてはならないのだろう？

真の問題は、高い子育て費用、教育費、授業料、住居費、
そしてこれを支えられる安定した仕事が足りないこと。
あなたたちだけの誤りではない。
社会に出る前に重い借金を負わせるような社会、
その借金を返す方法を提供してくれない社会で、
人々は自分の至らなさを責め、罪悪感と重圧感にさいなまれる。

あなたも罪悪感と重圧感に苦しんでいるなら、
少なくとも、自分がなぜ借金まみれになったのかを
知ったほうがいい。
知ったからといって、借金が帳消しになるわけではない。
でも、少なくとも自分を責めるのはやめよう。

あなたの生き方が間違っていたわけではないのだから。

3人分の仕事を2人ですると

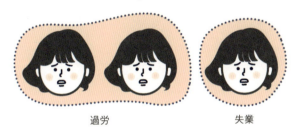

過労　　　　失業

エブリバディ、アンハッピー！

自分にやれることをやろう

「最近、何をしても楽しくないんだ。
以前は何にでも興味をもてたのに、どうかしちゃったのかな？」
この悩める友達への、よいアドバイスはあるだろうか？

1. 趣味をもつ
2. サークルに入る
3. 旅行に行く
4. カウンセリングを受ける

まずはこんなアドバイスが思い浮かんだ。
でも、その友達がどんな状況にいるのか
よくよく考えてみることにした。
当時の彼女は、残業はもちろん、休日出勤も当たり前だった。
会社の業績は下り坂で、正社員からいきなり非正規職にされて、
先の見通しもなかった。
つまり、彼女が何をしても楽しくないのは、
長時間労働と雇用不安のせいだった。

心も身体も疲れ果てて不安を抱えた状態で、
少しだけ暇ができたとして、生産的で楽しいことができるだろうか？
だから、何の慰めも効果がなかった。

労働環境を改善して、最小限の経済的安定を確保しなければ、
生存の問題を慰めでカバーすることはできない。

では、慰め以外の何が必要なのだろうか？

2004年度に韓国で週5日制が施行されるまでは、
ほとんどの人が土曜日も出勤していた。
韓国に「花金（花の金曜日）」ができたのは、
個人の血のにじむ努力でも、
個人の強い意志でもなく、社会のシステムが変化したから。
一人一人の努力や意志も必要だと思うけど、
それだけでは解決できない問題がある。

ところが、私たちはいまだに
個人の生活だけを考えながら生きている。
自分だけでも上昇しようと、睡眠を7時間から6時間に削り、
3つあった資格を5つに増やそうとする。
でも、もっと頑張っている人は、睡眠を6時間から5時間に削り
5つあった資格を7つに増やしている。
あなたの不幸の理由があなたの間違いではないとしたら、
その不幸は、あなた自身を痛めつけるような努力だけでは
解決できないということ。

私たちは個人の問題を解決するために、
それが社会の問題であることを知るべきだし、
もっとよい方向に変化するように努力すべきだと思う。
もちろん、みんなで広場にバリケードを築いて
火炎瓶を投げることが解決策だとは思わない。
社会の変革か個人の努力かという対立的な考えから、
個人の力を軽視するつもりもない。

ただし、私たちにもできることがある。
シャッター商店街の問題を一気に解決できなくても、
大型スーパーではなくて、町内の市場や商店街で買い物することは
できるし、労働者の問題を根本的に解決できなくても、
ストライキ中の人たちを応援することはできる。

偏ったメディアを正すことはできなくても
大手新聞社やテレビ局などの主流メディア以外の、
オルタナティブ・メディアを支援することはできる。
腐敗した政治が一挙に変わることはないかもしれないけど、
誠実そうな候補者に一票を投じることはできる。
つまらない人が支配する世の中をひっくり返すことは難しくても、
庶民同士が温かい目で見つめ合うことはできる。
日常生活のなかで、私たちにできることはたくさんある。

海水が腐らないのは、3%の塩分が含まれているから。
それと同じで、もし世の中の何かが間違っているとしたら
みんなの努力が3%足りないからかもしれない。
だから、それぞれにできることをしよう。

この社会の唯一の救い手は、問題から目を背けない個人。

+
私たちは試行錯誤しながら、学び、成長している。
だから、絶望してしまうのはまだ早い。
私たちには成熟した市民という最後の砦があるのだから。

新・トリクルダウン効果
誰かが上流で排泄して、飲み水が汚染されること

我慢すべきときは我慢する

最初に勤めた会社で出会って、今でも仲良くしている
同期入社の友達は、仕事ができて、まじめで、やさしい。
ただ、彼女は上司や社長に消耗品扱いされることだけは我慢しない。
ほとんどの人たちは適当に我慢しながら働くけど、
彼女は我慢せずに退職願を提出する。
でも、彼女は仕事ができるので、会社が彼女を離さない。

こんなことがあった。
社長が恩着せがましく20万ウォン（約2万円）の特別ボーナスを
くれたけど、いざ彼女の態度が気に入らないとなると、
「やっぱり返せ」と言ってきたという。
その社長は本当に非常識。社員をカモ扱いしているのだろうか？
だけど私は、退職願は出さないほうがいいんじゃないかと
彼女に言った。
そういう私はどうだったかというと……。

会社に勤めていたころ、上司が私にこう言ってきた。
「デザイナー志願者がたくさん来たぞ。緊張するなあ」
これを訳すと、あなたの代わりはいくらでもいるよ、
ということになる。

採用広告を見て実際に応募してきた人の数は、
上司の言った数の半分だった。
私は「では、私は出て行きますので、
新しい人を採ってください」と言った。
もちろん、今よりも若いときのことで、
私が抱える仕事の量から考えると、
クビにならないのがわかっていたから言えた言葉だった。
じつは私も、彼女と同じタイプの人間だった。
それでも彼女に、今後は退職願を出すのをやめるように言ったのは、
辞めるなら彼女自身が辞めたいと思ったときにしたほうがいいと
思ったから。
給料を盾にとって脅迫し、一生懸命働くこと以外に
へつらいまで強要する上司がいくら低劣でも、
そんな人間のために人生の行き先を変える必要はない。
そんな理由で辞めたら、その上司が自分の人生に対して
大きな影響力をもつことになる。
その人はそれほど大きな存在なのだろうか。

もちろん、彼らを許す必要なんかないし、笑顔を見せる必要もない。
だけど、もしあなたにとってその場所が必要なら、我慢しよう。
お金のために働くのは、卑屈なことではない。当然のこと。
我慢するのは、恥ずかしいことでも、情けないことでもない。
あんな上司より自分の人生が大事なだけ。

焦りは捨てよう

亜洲(アジュ)大学社会学科の盧 明愚(ノ ミョング)教授は、
社会は目まぐるしく変化しているように感じられるが、
じつはその変化は「ゆっくり」したものだ、と述べている。
これは、超肥満女性が3か月間の地獄のダイエットで
標準体重まで落としても、
日々こつこつと体重管理をしないと元に戻るのと同じ。

ダイエットも、個人の人生の問題も、社会問題も同じ。
革命は一瞬で起こるわけではなく、変化は永遠ではない。
リバウンドを防ぐ唯一の方法が持続的な管理であるように、
後退したり停滞したりするのがもどかしくて、
焦りの気持ちが起こっても、
変化のためには持続的な努力と時間が必要になる。
世の中のことはすべて、そうやって変化してきたのだから。

変化のために最も必要な資質は、くたびれないこと。

やけどを負ったときに、
痕が残らない方法

1. 軟膏を塗る
2. しょっちゅう塗る
3. 塗りつづける

他の方法はない

傷を治す最もよい方法は
毎日こつこつ治そうと努力すること

上手にケンカする方法を学ぼう

私は姉と仲がいいほうだと思うけど、
それでもたまに、ささいなことでケンカする。
だけど、20年以上いっしょに暮らしているおかげで、
お互いの感情を説明して仲直りする方法を身につけた。
ところが、私たちがケンカする姿を見たくないからといって、
親がケンカに介入し
無理やり仲直りさせられることがあった。
私にはそれが不満だった。
強制的な沈黙で気持ちが整理されずに、
わだかまりが残ったとしても、
表面的に静かでいるというのが、親の世代が考える平和だった。

この社会では、意見の衝突をケンカだと考え
争いごとを嫌い、服従と順応を求めてきた。
だから出る杭は打たれないように頭を低くしなくちゃならず、
中流程度になるには黙っていなくちゃならなかった。
嫁入りしたら3年間は、見ざる聞かざる言わざるで
過ごさねばならなかった。

その結果、火病(ファビョン)(怒りを抑えるあまり、痛み、息苦しさ、
不眠などの身体的症状を引き起こすストレス障害)は
韓国社会に特有という意味で「韓国病」と言われるようになった。
感情を抑圧したニセモノの調和のなかで、個人は病み、
人間関係は腐っていった。

しかし、ストライキも討論もない社会、
ひとつの価値を全員で追求する社会が理想なら、
北朝鮮ほど理想的で完璧な社会はない。
抑圧が精神病を引き起こすというフロイトの言葉のように、
抑圧によって調和した世界は、決して健康ではない。
問題は、世論が割れたり争いが起きたりすることではない。
まともにケンカができないせいで、問題の解決策と、
適切な妥協点を探せないこと。

先日、観光バスの運転手が居眠り運転をして事故を起こした。
4人の死者を出す惨事となって、
多くの人がその運転手を非難した。
なかには彼を悪魔のように言う人までいた。

でも、本当に彼は悪魔のような人なのだろうか？
観光バスの運転手たちは、
たかだか200万ウォン（約20万円）の月給を稼ぐために、
平均すると1日16時間運転して、3〜4時間の睡眠をとる。
宿舎も食事も提供されないので、
バスのトランクで眠ることもあるという。
実際にその運転手は、事故の前日もバスの車内で睡眠をとっていた。
そんなふうに、ろくに睡眠もとれない過酷な労働条件を課され、
居眠り運転をしてしまったことに対して、
どうして個人にだけ責任を問うことができるのだろうか。

安全にお金を払おうとしない社会で、
私たちは被害者になることを恐れるけど、
同時に、加害者にもなる可能性があることを恐れたほうがいい。
スポットを当てるべきは、社会の問題を個人の責任感と
道徳に依存している後進的な社会システムだろう。
それなのに私たちは、システムについての議論には触れないまま、
個人を非難したり、
問題の本質を保守と革新の独善的な対立にそらしたりして、
議論の土台をひっくり返してしまう。
そんな論争をしても、問題の解決には近づけないのに。

あなたが住んでいるこの社会を
もっとましな場所につくり変えたいなら、
単なる独りよがりの反抗や、
ケンカは悪いことだと批判するのではなく、
解決策を求めるためのケンカの方法を身につけよう。

非難ではなく代案が、
侮辱ではなく説得が必要。

この社会の問題は、
毎日のようにケンカしていることではなく、
しっかりケンカできないことにある。

上下関係の礼儀は厳しく求めながら、
相互関係のエチケットは犬のエサにしてしまった
人たちのことを「老害」という

希望の根拠をつくろう

近ごろ、希望という言葉を口にするのが恥ずかしい。
希望という言葉の後に、拷問という言葉がついて回るほど
(希望拷問:無理なことがわかっていながら、相手に希望を与えて
つらい思いをさせること。恋愛における思わせぶりなど)。
でも、本当に希望は拷問なのだろうか?

少し古い例かもしれないけど、
ひとつのヒントにはなるかもしれない。
ベトナム戦争のとき、多くのアメリカ軍兵士が捕虜になった。
軍人の多くが長い収容生活に耐え切れずに死んでいったが、
当時の将軍ストックデールの証言によると、
最初に死んだのは楽観論者たちだったという。
彼らはクリスマスの前には収容所を出られると信じ、
クリスマスが過ぎると、復活祭の前には出られる、
復活祭が過ぎると、感謝祭の前には出られると信じたあげく、
再びクリスマスを迎えると、
繰り返される喪失感に耐えられず死んでしまったという。
ということは、希望が彼らの命を奪ったということなのだろうか?
私はそうは思わない。

彼らが抱いていたのは、希望ではなく、根拠のない楽観だった。
それは現実逃避に近かった。
一時、韓国社会は楽観論者であふれていた。
経済はすぐに好転すると予測し、
自己啓発書で秘訣を知って、
成功は手が届くほど近くにあると信じていた。
ところが、現実は氷のように冷たかった。
子どものころに信じていた「努力は必ず実を結ぶ」という真理は、
「努力は時々実を結ぶ」という、部分的な真理に置き換えられ、
膨らんだ期待は喪失感となって舞い戻ってきた。

だとすれば、何も期待せずに悲観論者になるほうがいいのだろうか？
これも答えではないと思う。
収容所で楽観主義者の次に死んだのは、悲観論者だった。
ではいったい、どうすればいいのだろう？

生き残ったストックデールは、
現実を直視して自分にできることをした。
「人道的な待遇を受ける捕虜」の例として
ビデオに撮られるのを避けるために、
椅子で自分を殴りつけて、わざとけがをしたり、

部下たちの孤立感をやわらげるために
秘密の連絡網をつくったりもした。
その結果、精神的に強かった彼は7年半の捕虜生活を耐えて、
生き延びることができた。

近ごろ、希望を口にすることが拷問になった。
確かにそのとおり。現実離れした希望は麻薬のようなもの。
でも、もし希望がなかったら、この人生に耐えられるだろうか。
だから、最後の真実は……現実の基盤の上に希望をもつこと。

一日に四食も食べていては、
痩せたいと希望していても痩せられない。
だから、希望をもちたければ、方法を探そう。
そして方法を十分に検討したら、現実のつらさに耐え抜こう。

あなたに必要なのは、
漠然とした希望や代案のない絶望ではなく、
希望の根拠をつくること。

人事を尽くして天命を待つ。
叩けよ、さらば開かれん。
意志あるところに道はある。
天は自ら助くる者を助く。
虎穴に入らずんば虎子を得ず。

希望というのは、もともと条件がついている

世の中に快く施しをする

私は見知らぬ人の手助けをすることが多い。
あるときは、お葬式に行く老夫婦に
どの駅で降りて、どのバスに乗り換えればいいのか、
さらに葬儀場の電話番号まで調べて、紙に書いてあげた。
また、女性の後を不審者がつけているのに気づいて、
彼女を呼び止めて違う道を通るようアドバイスしたこともある。

私がこんな「おせっかい」になったのは、
バックパッカーの経験によるところが大きい。
見知らぬ土地で片言の言葉しか話せず、
携帯電話も壊れてしまった状況で、
無事に旅行を終えられたのは、大小さまざまな助けがあったおかげ。

韓国にいるときの私は弱者ではない。
健康で、道もよく知っているし、流暢な韓国語を話せる。
だから知らなかっただけで、
自分が弱者になったとたん、小さな助けが必要となり、
そのたびに誰かが快く助けてくれた。

「知らない人なんか助けて、何かあったらどうするの？」
そう心配する母に、
「お母さんがもうちょっと年をとったら、
私みたいな人が助けてくれるはずだよ」と言った。

助けが必要なときに誰からも助けてもらえないと
人は少しずつ心を閉ざし、誰にも手を差し伸べなくなる。
自分はまわりに何の害も与えないけど、
その代わりに誰も助けてあげません、
と言ってしまうような世の中で暮らしたくない。

私が生きていくのに必要なのは、注意深さや慎重さであって、
不信ではない。
私は今も、多くの善意を信じている。

他の誰かに
この社会は善意を施すに値する場所だと確信させてあげたいし、
自分が大変なときは、
きっと誰かが手を差し伸べてくれるという信頼のなかで
生きていきたい。

好意のリレー
他の人にきちんと伝えてね

お金には換算できない自分自身になろう

哲学者のエピクロスは言った。
人間の幸福に必要な3つの要件は、友情、思索、自由。
自由とは、自分の意志で生きること。
子どものころはそれが当たり前で
簡単なことだと思っていたけど、
年齢を重ねるほどに痛感するのは、
自由の一部はお金で実現されるという事実。
税金を支払うため、友達に結婚式の祝儀を渡すため、
食べていくために、私たちは毎朝起きて、お金を稼ぎながら
その代価として自由を費やしている。
逆に言えば、
自由を手に入れるには、お金が必要になる。

だから、私たちは必死になって社会的な立場を固め、
自分が「できる人間」だとアピールしながら、その対価を要求する。
お金は生存のための手段なので、この問題は決して見過ごせない。

ただし、どんなにお金が大切でも、
生活手段としての価値を越えて、人を測る尺度にしてはいけない。
人の価値をお金で測ることはできないし、
人生の成功と失敗をお金で決めることもできない。
自分自身の人生の基準と哲学をもって、
お金や肩書きに換算されない本当の自分と出会う必要がある。

「どうやってお金を稼ぐか」という質問以前に、
「何が正しいか」という質問に答えなくてはならない。
自分のもちもので自分の価値を証明する、
そんな必要のない人間になろう。
本物のセクシーさは、内面からにじみ出る堂々たる自信だと思う。

+
横暴なパワハラで国民の怒りを買った人たちがいる。
はたして彼らは幸せだろうか。
少なくとも私が知るかぎり、幸せな人は
あんな心がすさんだような振る舞いはしない。

ものに対する中毒のうち
最もよくあるのは、お金に対する中毒だ。
——中毒・心理セラピスト　ジョン・ブラッドショー

ハンガー・ゲームに参加しないこと

　少し前のこと、ハリウッドの俳優とベビーシッターの
不倫スキャンダルが記事になったことがある。
インターネットユーザーの大半は、
この不倫は事実ではないという意見だった。
その理由は、彼が不倫をするような人に見えないということでは
なく、そんな大物俳優がベビーシッターなんかを
相手にするわけがない、というものだった。
私たちは平等を叫び、パワハラや差別に怒りを表明するけど、
それは「私を差別しないで」という意味であって、
「他人を差別しない」という意味ではない。

　私たちはどれほど多くの線引きをしているだろう？
いつだったか、社会面のニュースを読んでいると、
それに対するコメントが目についた。
高い青年失業率の解決策として、
地方大学から潰していくべきだ、というものだった
(ソウルと地方の格差解消のために、公共企業の採用試験で地方大
学卒業生に点を加算する政策が逆差別だとして批判を浴びている)。

こんな意見をためらいなく言えることに、まずびっくりしたが、
もっと驚いたのは、その意見が多くの賛同者を得た
ベストコメントになっていたこと。
そのとき、映画『ハンガー・ゲーム』が思い浮かんだ。

パネムという架空の世界を舞台に繰り広げられるSF映画で、
ハンガー・ゲームとは、12の区域から生贄を2人ずつ選び、
最後の一人になるまで殺し合いをするゲームのこと。
支配層は、生贄に恐怖を植えつけるために、
ハンガー・ゲームを開催し、放映する。

一人の勝者に富と名誉を与えることで、
23人の死が正当化されるゲーム。
ゲームが始まると、力のある集団は互いに結託し、
力のない弱者から潰していく。
そうすることで一時の安全が保障されるが、
このゲームで生き残れるのは一人だけ。
自分が弱者を殺したように、自分も強者に殺される。
つまり、この映画は、勝った者がすべてを得る勝者独占システムと、
新自由主義に対する隠喩だといえる。

この映画のように、生存競争に追い込まれた人たちは、
自分より弱い者を押しのけて一時の安らぎを得ている。

でも、自分が生き残るために他者を犠牲にする
この不合理なゲームをやめないかぎり、
誰も安全ではいられない。

政治が変われば世の中はよくなるという人がいる。
もちろん、よい政治家、社会の風通しのよさ、
公正さの回復は必須の条件になる。
でも、そのためにはゲームのルールを見直し、
お互いをのけ者にしない社会的連帯感が必要になる。

私たちの安全は、お互いに押しのけることではなく、
かばい合うことで保障される。
だから、それとない差別や抑圧競争はもうやめよう。

この残忍なゲームをやめないかぎり、
次はあなたの番が回ってくる。

あなたはどちらが
より恥ずかしいことだと思いますか？

他人をないがしろにし　VS　ブランドバッグを
侮辱すること　　　　　　　もってないこと

ときには寄り道してみよう

映画『いまを生きる』にニールという人物が登場する。
厳格な父親から「医師になれ」と言われて育ったニールは、
学校でたまたまシェイクスピアの『夏の夜の夢』の
主演を任される。
演じることに自分の才能を発揮しながら、
人生で最も幸せな日々を送っていたニールだったが、
父親は「今すぐ演劇をやめなければ転校させる」と言って
彼を脅した。
演劇を続けたかったニールは反抗しようとするが、
母親の姿が目に映るとあきらめて口を閉ざす。
母親の思いつめた姿が、あまりにも不憫だったから。
ニールの表情に、無力感と絶望感が浮かぶ。
そしてその晩、彼は父親の銃で自らの命を絶つ。
与えられただけの人生が耐えがたく、
望むような生き方はとても無理だと思ったとき、
人は絶望する。

精神科医のキム・ヒョンチョルは、
ハンガリー、日本、韓国の共通点として
「寄り道が許されない社会」と言った。

この三国にはもうひとつの共通点がある。
それは、自殺率が高いこと。

韓国では、寄り道は人生を台無しにするものと考えられていて、
タブーに近い。
「寄り道青少年」という言葉があるぐらい。
大学進学、就職、結婚、出産、マイホーム購入などのミッションを
「適齢期」という期限に合わせて実行しなければならず、
ちょっとした寄り道も許されない。
でないと、親ががっかりし、自分は人生失格のレッテルを貼られ、
社会的な孤立を心配しなくてはならない。

その結果、韓国は最高の自殺率と最低の出生率という、
ふたつの指標をもつことになった。
このふたつの指標に共通するのは、生存と繁殖という
人間の最も基本的な本能を放棄している点にある。
それほどこの社会は、生きるに値しない場所だと見られている。
与えられたミッションを抜かりなくこなしたかどうかによって、
人を評価する社会。
そんな社会に生きていると、ちょっと立ち止まるだけでも
焦りで息が詰まる。

今よりも暮らしが大変な時代はあったし、
もっと貧しい国もあるのだから、
このくらいで大変だと言うのは大げさだ、と言う人もいる。
でも、私たちがイラ立ち、しんどく思うのは、
経済指標に表れる絶対的な貧しさではなく、社会の矛盾に対して。
実際に人を不幸に陥れるのは、貧しさではなく、
社会から尊重されないみじめさと孤立感なのだから。

だから、人々はしばしば韓国社会を「ヘル朝鮮(チョソン)」と呼んでいる。
地獄(ヘル)にいるのかと思うほど不幸だから。
韓国にいるかぎり、私たちは幸せになれないのだろうか？

多くの人が、幸福度の高い北欧の国々を理想と考えているけど、
著述家レオ・ボルマンスによれば、彼らの幸福感の高さは
所得や福祉システムの結果ではなく、
大きな自由度、他人への信頼感、
多様な才能と関心への尊重にあるという。

私たちは、ちょうどその真逆の場所にいる。
自由を奪われ、画一的な人生を強いられ、
他人への不信に満ちている。

もし、どんな人生を送っても、
あるがままの自分が尊重されるという安心感があったなら、
私たちはどれだけ自由なことか。

私たちが幸せになるために、生存の問題と同じほど大切なのは、
好きなだけ寄り道のできる自由と、
お互いの寄り道を許容する寛大な目。

これこそが、教科書的な言葉ではなく、
最も本質的な解決策かもしれない。

お互いへの寛容と寛大さがあれば、
私たちはこの不幸から逃れられる。

みんな、もう不幸でいるのはやめよう。

☑ Part 6

いい人生、そして
意味のある
人生のための
to do list

幸せは、深く感じることができ、
単純かつ自由にものを考えることができ、
人生に挑戦することができ、
他人にとって必要な人生を送る能力から導かれる。

　　　　　——ストーム・ジェームス

幸せは人生の目的じゃない

突きつめれば、問題の始まりはアリストテレスだった。
アリストテレスは人生の目標を幸福にあると規定した。
それ以降、人間は幸福になることを人生の目的だと信じ込んだ。

でも、人は幸福になるために生まれたような、
現実離れした存在ではない。
人間の原始的な感情は、
喜び、怒り、嫌悪、恐怖、悲しみ、驚きの6つ。
人間が幸福になるために地球に誕生したのなら、
どうして肯定的な感情がたったひとつしかないのだろう？
つまり、人生の目的が幸福にあるという考え自体が
大きな錯覚だといえる。

それにしても、人生の目的を幸福だと決めつけて、
完全無欠で幸福な人生が存在するかのように言い立てる人を見ると、
幸せではない人は敗北者になったような気分になる。
だから、人々はその憂鬱を隠そうとし、
悲しみは何としてでも押さえつけなければならないと考える。

でも、人生に憂鬱と悲しみがあるのは自然なことだと思う。
ベルサイユ宮殿をひたすら美しい存在にするために
トイレをなくしたとしても、
生きるというのは、宮殿の片隅で隠れて排泄をし、
ときには誰かの糞を踏みつけたりすることにほかならない。

だから、たまには寂しくなるし、憂鬱にもなる。
その時間がなければ、幸福が何なのかを知ることはできない。
もちろん、私たちは幸福のために努力すべきだし、
私だってあなたの幸せを願っている。
でも、何度聞かれても私はこう答える。
人生の目的はいつも、人生それ自体にある、と。

　+
10回のうち6〜7回幸せなら、それは幸福な人。
10回のうち10回幸せであろうとするなら、その人は強迫症。

＃幸せショット　＃すごく幸せ　＃幸せの証

自分が幸せであることを人に証明しながら生きることは、
最も不幸な生き方

身軽に生きよう

私が初めて海外に行ったのは、1か月のバックパック旅行だった。
一人旅が不安だった私は、荷物をたっぷりもって行った。
本だけでも3冊、ヘアアイロンも2種類もって行ったので、
荷造りのときの私は、頭がどうかしていたに違いない。
カバンを2つ、うんうんうなりながら背負って歩いているうちに、
旅も残り1週間となったとき、完全に疲れきってしまった。
すべてがうんざりで、
重い荷物をもち歩く自分自身に嫌気がさした。
次の旅行地に向かうために空港のベンチに座っていた私は、
カバンを開けて必要なものだけを残し
荷物の半分をゴミ箱に捨ててしまった。
荷物を捨てながら、今後何か困るのではないかと
心配もしたけど、
旅の足取りはずっと軽くなった。

旅行中に知り合った人は、1年半以上も旅行を続けていたけど、
荷物はリュックひとつ。それがすべてだった。
その人は最小限の荷物だけをもって、必要なものがあれば
その都度買うようにしていた。
たとえば、着ている服が古くなれば、
現地の市場で購入する。
そのこと自体が旅行の楽しみだと言っていた。
私たちは人生が不安だからと、
あまりにも多くの荷物をもっているけど、
生きるのに、そんなにたくさんの荷物はいらない。
必要なときに補充することもできるし、
多少の不便さに甘んじるほうが得な場合もある。

人生という旅は長い。できるだけ身軽に生きないと、疲れてしまう。
だから、人生をもっと軽くしたければ、
不安のせいで捨てられなかったものたちと向き合って、
それらを捨てる勇気をもとう。

旅行中に一度も取り出さなかった荷物と、
まだ起こってもいないことへの心配と、
人生を重くする不必要な欲望と、
恥じる必要のない恥と、
疲れるだけの過剰な関係。

こうしたものに対して「さよなら」を。
それらを放棄すれば、自由になれる。

+
自由に生きたければ、
なくても困らないものを遠ざけなさい。
——トルストイ

人生にもっと多くの風景を

映画『オールド・ボーイ』の主人公のオ・デスは、
誘拐され独房に閉じ込められて15年間、毎日餃子ばかり食べている。
誘拐犯は、なぜ彼に餃子を食べさせてばかりいたのだろうか？
人形に目玉をつける内職をさせるとか、
たまには水餃子を与えることだってできたのに。

ところで、以前、誰かからこんな話を聞いたことがある。
ハムスターが回し車のなかで長生きしたとしても、
毎日、同じパターンの生活と同じ風景のなかで生きていたら、
その時間を感じることができるのだろうか、と。
ただひとつのパターンと、
ただひとつの風景によって圧縮された過去は、
一瞬として過ぎ去るだろう。
だから、誘拐犯がオ・デスをひとつの風景、
ひとつのパターンのなかに閉じ込めたのは、
彼から15年という時間さえも奪いたかったからではないか。

随筆家の皮千得(ピチョンドゥク)は、「長寿」という文章のなかで、
「機械のように毎日を送ってきた人は、
80歳まで生きたとしても短命だ」と書いている。
毎日、似たようなパターンの生活をするのは、
人生の無数の可能性と多様性を圧縮し、
自分の人生を失うこと。
だから、週末には海を見に行こう。
仕事の帰り道に違う道を歩いてみたり、新しい人に会ったり、
勇気を出して、これまで経験したことのないことをやってみよう。
自分に対する固定観念を脱ぎ捨てて、
自分にも予測できない自分になってみよう。

私たちが長生きする方法は、
手のひらの生命線を手首まで延ばすことではなく、
新しい風景と向き合うこと。

まわりが全速力で走っているから、
自分が後ろ向きに進んでいるように思えることがある

生活に潤いを

オーストラリアで暮らしている友達に会いに行ったとき、
現地の動物園に行ってみた。
その広さや人工的な施設の少なさに感心していると、
私の隣を、アバクロのカタログにでも出てきそうな男の子たちの
集団が通り過ぎていった。
韓国で動物園といえば、客はほとんど子連れの家族ばかり。
でもオーストラリアでは、自然のなかで動物を見て楽しむ
若者たちの姿があり、興味深かった。
動物園でたまたま話をしたオーストラリア人は、
趣味がバード・ウォッチング、
つまり鳥を見ることだと言っていた。

友達が出会った10代後半の別のオーストラリア人は、
クリスマスに家族と過ごすのを楽しみにしていたという。
おばあさんの家のテーブルに並ぶたくさんの食べものと、
多くの家族が集まって過ごす楽しい時間を自慢げに話したそうだ。

一般化はできないかもしれないけど、
オーストラリアの人々にとっての人生の楽しみは、
自然と家族にある。
一方、家族べったりの私たちにとって、
名節（正月やお盆のような民俗的祝祭日）は義務感にしばられ、
クリスマスは家にいると悲しくなる日にほかならない。

イギリス人ジャーナリスト、ダニエル・チューダーが韓国の姿を
描いた『奇跡を起こした国　喜びを失った国』という本の
タイトルのように、私たちは経済的奇跡を起こす代わりに、
ささいなことへの喜びと楽しみを失ってしまった。
だから、私たちは動物園に行ったり、木にとまる鳥を見たり、
家族と夕食をとったりすることを楽しみだとは考えられない。

感情を抑える必要のある労働と、非人間的な競争のなかで
感情が干からび、楽しみは退屈な日常を耐え抜いたご褒美であり、
強烈な刺激になった。
これは感情が干からびたサイコパスが、
極端な快楽を追求するのと同じようなもの。
感情が干からびると、ささいな楽しみを感じられなくなるので、
しだいに刺激的な楽しみを求めるようになる。
刺激的な楽しみが終わると、日常はさらにつまらなくなり、
人生から活気が失われることになる。

もしあなたが生き生きとした人生を感じたいなら、
人生の中庭にある、ささやかな幸福を見つけて、
そこから生きる喜びを見つけよう。

楽しみが何なのか、もう一度考え直して、
できるだけ幼いうちから、
お金をかけなくても楽しめる遊び方と生き方を身につけよう。
それは決して、陰気でみすぼらしいことではない。
いつでも簡単に幸せになれる方法だ。

報告書の提出のためではなく、
公募展で受賞するためではなく、
私たち自身の人生のために、
創造力を発揮しよう。

みんながそれぞれに幸せになる

私には年の離れた弟がいる。
両親にとっては、その末の弟は残された宿題とでも
いえるかもしれない。
母は、弟が自立して、幸せになる姿を見てこそ、
自分も幸せになれると言った。
そんな親心はどこでも同じかもしれないが、
私は少し複雑な気持ちになった。
私は、母に幸せになってもらいたい。
ところが、母が幸せになるには、まず弟が幸せになる必要がある。
ということは、母の幸せは
母自身が何とかできる問題の範囲外にある。
それは、自分の幸せの決定権を玄関の外に置いて、
誰かがインターホンを押してくれるのを待つようなもの。

その結果、親は子どもの幸せを心配し、
子どもは親の幸せに対して責任を感じる。
結局、お互いの幸せを心配しながら、誰も幸せになれない。
いったいどこで間違ってしまったのだろうか？

愛する人に対して「幸せにします」というセリフをよく聞く。
でも、相手の感情を操れないかぎり、
あなたが誰かをずっと幸せにしてあげることはできないし、
誰もあなたをずっと幸せにしてはくれない。
他人の幸せは、実際のところあなたの影響圏外のことで、
幸福とは各自が責任を負うべきもの。
だから、自分の幸せを脇に置いておくのはやめよう。

結局、あなたがおこなうべき最善のことは、
愛を分かち合うにしても、
自分の幸せに責任を負うこと。
だから、どうかみんな、
それぞれに勝手に幸せになろう。

私は一生懸命生きてきて、
他人の幸せを邪魔しないように努力し、
つらいことにも耐え抜き、
胸を張って生きてきた。

私には幸せになる資格がある。
私たちには幸せになる資格がある。

優先順位を考えよう

知り合いの一人は、学生のころに金融系の企業に就職しようと考え、
金融関係の資格を手当たりしだいに取得して、懸命に準備していた。
その結果、高い年俸を提示されて証券会社に就職した。
ところが1年後、彼は突然、会社を辞めた。
理由は、仕事がつまらなかったから。
では、彼は仕事におもしろさを求める人だったのだろうか?
就職前には、金融系の仕事がおもしろそうに見えたのだろうか?
彼にとって、おもしろさとは何なのだろうか?

そもそもの問題は、彼が何に価値を置いて人生を選択するか、
自分で判断できなかったことにある。
世の中には、自分を必要としてくれ、
おもしろくて話のわかる上司がいて、
給料も福利厚生も悪くなく、将来性もある
完璧な職場など存在しない。

何を選択するにしても、限られた予算と限られた選択肢しかない。
人生は大富豪がデパートでショッピングするのとは違って、
自分の思いどおりにはならない。
だから、何かを選択するにあたって、「何を得るか」よりも
大切なのは、「何を放棄するのか」にある。

収入の減少と、不合理な上司に耐えること。
キャリアを放棄することと、子どもとの時間をとれないこと。
やりたいことをあきらめることと、定収入のない生活をすること。
それぞれの選択のあいだで、何がより耐えがたいのか、
どこまで受け入れることができるのか、
自分自身で回答を出す必要がある。

損をしないことだけ考えていたら、
常に後悔しながら生きなくてはならない。
どちらも受け入れられないという
わがままを聞いてくれる人は、どこにもいない。

○ 過ぎ去った過去と決別する

小学2年生のとき、担任の先生は数人の生徒を
えこひいきしていた。
授業時間はいつもその生徒たちだけに質問し、
いつもその子たちを褒めていた。

私は自分のことを
「主人公の隣に座ったエキストラみたい」だと思っていた。
今思えば、幼い子どもがそんなことを思うほどだから、
よほどの偏愛だったのだろう。

ところが、後になってわかったのは、
その先生は親からわいろを受け取ることで有名だったこと。
あるとき、先生から呼び出された私の母が
手ぶらで教室を訪ねると、面と向かって怒ってきたという。
一部の生徒をえこひいきした理由は、そんなところにあった。
でも、当時の私は、大人でも間違いを犯すことがあるなど
知らなかった。
だから「私は主人公じゃない」と考え、
その思いはかなり長く私の心を支配していた。

この世の中には、理性の通じない、あきれた人が多い。
彼らは、子ども時代の私たちの心を傷つけた。
それが今に至るも解決できない問題として残り、
私たちの足を引っ張る。
だから、多くの人は現在の問題を過去にさかのぼって診断する。
自信がないのは、先生の差別のせい、
自尊心のもろさは、両親の育て方のせい、
劣等感が強いのは、友達からいじめられたせい……。

それ自体は正しいのかもしれない。
でも、過去にさかのぼって現在の問題を考えるのは、
過去にとどまってその埋め合わせを求めるためではなく、
自分を悲劇の主人公にするためでもなく、
その連鎖を断ち切って前進するため。

世の中には、未成熟で、あきれた人がいる。
私たちは運悪くそんな人に出会ってしまったのかもしれない。
過去を振り返って確認できるのは……、
その先生は単に情けない人間だったこと。
私の親は親になるために生まれてきたわけではなく、
不器用な大人にすぎなかったこと。
私をいじめた子どもたちは、しつけがなっていなかったこと。

そして当時の私は、その事実を理解できないほど
幼かったということ。

今や私たちは、無力な子どもではなく、
前進する力がある。

過去にとらわれたくないなら、
過去の幼い自分を慰め、
未成熟だった者たちに別れを告げよう。

もう大丈夫だよ

人生に余白と失敗のための予算を確保しよう

デザインした図柄を印刷するときは、
下地のサイズを実際のデザインよりも少しだけ大きくして作業する。
裁断するときに誤差が出るので、
あらかじめ余白をつくっておいたほうがいいから。
それは誤差と失敗に対する寛大さであり、
安全な結果のためのノウハウでもある。

人生もこれと似ている。
計画どおりにぴったりと裁断できる人生はない。
無駄な努力をすることもあるし、
一瞬の失敗を挽回するために長い時間をかけることもある。
どんなに気をつけても、予想外の費用がかかることもある。
人生は、いつも予定どおりで効率的ということはありえない。
だから、後悔して自分を責めるよりも、
ミスと誤差のための余白と、
バカバカしい失敗をしたときのための予算を
とっておいたほうがいい。

生きていれば、おかしなことも起こりうる、
人生にはこのくらいの無駄はどうしても必要だ、
人生は常に効率的なんてことはありえない、
初めての人生だから自分にはちょっと難しかった、と思おう。

その誤差と失敗に対する寛大さが、
あなたをより安全で自由にするだろう。

浪費した時間は
長生きして埋め合わせよう

○ それでも自分だけは自分を理解してあげよう

以前、成人のための進路相談をする人に会ったことがある。
相談者のなかには、いわゆる天才肌の人がいたらしい。
ところが、一般的なイメージとは違って、
彼らの人生はそれほど楽ではないという。

彼らは学校の成績が悪かったケースが多い。
その理由は、思考の幅が広いために、
詰め込み式教育に適応できないから。
エジソンも1+1=2を理解できなかったという。
彼らが自分の適性を発揮できるような分野に進めず、
普通の職場で働くと、その生活は耐えがたいものになり、
それが原因で鬱になったり、
あるいは強迫症の薬を服用しながら会社に通うケースが多いという。

悩んでいる彼らに向かって、まわりの人たちは、
「他の人もみんな、好きなことだけして生きているわけじゃない」
「あなただけがつらいんじゃない」などと言ったはず。
そして彼らは、その言葉に自責の念を覚え、
自らを恥じたかもしれない。

でも、私のつらさと他人のつらさは同じ大きさではない。
世の中には人と会うのが苦手な人もいれば、
かけっこが苦手な人もいるように、
同じ問題でも体感する難易度は違う。

何かがつらい場合、
それは自分が間違っていたり、
大げさな人間だったり、
能力がないからではなく、
自分はそういう人間だというだけの話。
既製品の靴が足に合わなくて痛いのは、
足が悪いからではないというのと同じこと。

だから、つらい自分をさらに追い込むのはやめよう。
天才たちに悲劇をもたらしたのは、
彼ら自身も自分のつらさの原因を理解できなかったところにある。
自分を理解するのは、自分を哀れに思って同情したり、
自分には間違いはひとつもないと開き直ったりすることではない。

自分を虐待する自己批判と、
不必要に自責の念を抱くのをやめて、
あるがままの自分を受け入れること。

そのために私たちに必要なのは、
自分を理解する力と、
自分に合った人生のスタイルを選択し、それを尊重すること。

ときには理解されないことがやるせなくても、
せめて自分だけは自分を理解してあげよう。

自分の幸せに関心をもつ

私は一時期、「不幸手帳」というものをつくっていた。
憂鬱で絶望的な気分のときに、その感情を書き留めておき、
気分がよくなったときに読み返す。
すると、自分がどれほど非合理的な考えをもち、
極端な見方をしていたのかがわかった。

ところが、何度も書いていると、
自分があまりにも不幸な人間のような気がしてきた。
そこで手帳の使い道を変えて、「幸福手帳」をつくり、
憂鬱が消えたときと、幸せを感じるときを
手帳に記録することにした。

そうやって手帳に記録していると、
私という人間がいつ幸せを感じるのかがわかり、
憂鬱な時間がすぐに過ぎることもわかった。

人々は幸せになりたいと言いながら、
何が自分を幸せにするのか、知ろうとしない。
幸せとは、ある朝、食卓の上にぽとりと落ちてくるものではない。

人生のなかで知っておくべき多くのことのうち、
心肺蘇生術より、
イヤホンのコードがもつれないようにする方法より、
年末の所得控除の方法より、もっと重要なのは……。

自分は何に幸せを感じるのか、
自分はどうすれば立ち直れるのか、
自分はどんなときに生きていると実感するのか
という、自分の幸せを扱うノウハウ。

幸せになりたいなら、あなたの幸福に関心をもつことが必要。

完璧でないものを愛する

李世乭(韓国の囲碁棋士)vs
アルファ碁(コンピュータ囲碁プログラム)
アナログ時計 vs 電子時計
手紙 vs メール
LPレコード vs MP3

私たちは完璧なものに憧れ、
完璧でないものを愛する。

 VS

 VS

 VS

 VS

どう生きるのかを問う

私は一時期、何のために人生があるのか、悩んだことがある。
人生とは楽しむためにあるのか、
それとも、人生の意味を追求すべきなのか。
答えを選ぶのは難しかった。

まず、「人生の意味」というのがどういう意味なのかを
理解できなかった。
あいまいに聞こえたし、どんな意味なのかピンと来なかった。
複雑に考えることに疲れた私は、
人生は楽しむためにあると考えることにした。
その瞬間ごとに最善を尽くして、生を実感し、
楽しく生きていくこと。
実際にそれは素晴らしい人生だ。

私は、人生のなかで最も大切なことだけを考えるように努力した。
大きなカテゴリーでいうと、
仕事、人間関係、娯楽、心と身体の健康。
起こってもいないことを不安がらず、
したいこと（Want）を、できる（Can）と思えば、やってみる（Do）。

Want + Can = Do という単純な公式。
その代わり、一生懸命やってみる。

ぼんやりと計画していた下絵を完成させていくことに、
達成感と喜びを感じた。
同時に、私が信じられる人たち、
うまの合う人たちと付き合った。
自分にとって重要でない人や、
圧迫感のある人間関係とは距離を置き、
そうした人たちが私をぞんざいに扱うのを許すまいと決意した。

そして、人生の楽しみのために時間を費やし、
一日に何回も空を見て感動するような日々を過ごした。
目をそらしていた問題と向き合い、それを解決し、
健康に暮らすために努力した。
まわりの人たちの視線や、常識的な考え、社会が定めた正解から
一歩引いてみると、人生は明るく、軽やかになった。

ところがおかしなことに、
それが本当にいい暮らしなのかという疑問は消えなかった。
その瞬間、瞬間を自分に忠実に生きていくだけでは
物足りなく感じた。
そこで私は、また振り出しに戻って、人生の意味を探すことにした。

何が人生を意味あるものにするのだろう？
多くの質問の末に私が見つけた答えは、
個人の枠を超えて公共の領域に足を踏み入れ、
社会のなかで自分の価値を実現することだった。
私は本書のなかで、個人の社会参加を促した。
社会問題を解決することが個人の問題を解決するための
直接的な方法だと思うから。

でも、社会のなかで自分の役割を果たすべき理由は、
これだけではない。
喜劇作者のアリストファネスが、
「私たちが自分自身を完成させるには他者が必要だ」と
言ったように、
社会と他者との関係のなかで自分の価値を実感するとき、
私たちは自分の意味を求めることができる。
もちろん、この言葉の意味は、自分の人生を投げ出して、
他人のために犠牲になって生きろという話ではない。
あなたが考える公的な価値を実現するため、
自分にできることをしながら、
社会のなかで自分の存在感を見出すことを意味する。

私の場合、この世の中がもう少しいい場所であることを望んでいた。

よい志をもつ人たちに、最小限の生活が保障されたらいいと思い、
貧しくてもみじめさを感じないですむ社会になればいいとも思った。
だから私は、自分が支持する政党の党員になって、
少額でも後援金を納めるようになり、
今年からはふたつのオルタナティブ・メディアも支援しはじめた。
誰かと出会ったときに相手を侮辱しないように努め、
本を通じて、小さくても意味のある波を送りたいと思った。

どう生きるかという、終わることのない問い。
私の自分なりの答えを言うなら、「よく生きよう」ということ。
複雑に考えることはない。
一生懸命に働き、愛する人たちとおしゃべりをして、
いっしょにおいしいものを食べ、好きな歌や本を楽しみ、
天気がよい日には日光浴をすること。
私は、この日常の温かさが、よい人生のすべてだと思う。

そして、可能なら、意味のある人生に向かって一歩踏み出そう。
たとえこの宇宙のなかでほこりのような小さな存在だとしても、
私たちは人生の虚しさを乗り越え、
自らの尊厳を守ることができるはず。
世間が決めた勝ち負けとは無関係に、
私はそんな人生に誇りを感じたいと思う。

『君がどう生きようが、私は君を応援するだろう』という本がある。
でも、この応援がいちばん必要なのは、自分自身。

人生が終わるその瞬間まで共にいてくれる存在に、
今日こそは、ぜひこう言おう。

私がどう生きようが、
私は私自身を応援する。

大人として生きる

子どものころの私にとって、母は強い存在だった。
でも、今思えば、やはり一人の30代の女性だった。
母も、怖くてつらくて、その日を生き抜くのが
精いっぱいだったと思うけど、
誰かのためにこらえて、大人の役目を果たしたのだと思う。

今や、私も年齢を重ねて大人になった。
子どもなら、よく食べてよく寝ていれば、
自分の役目を忠実に果たしたことになるだろうけど、
それではもう誰も褒めてくれない。

お小遣いがほしいと親にねだれば、
ありとあらゆる罵声が飛んでくるに違いない。
まだ守っていてもらいたいのに、
大人にならないといけないのは愉快ではないけど、
この年になって、緑色のタイツをはいて
ピーターパンのまねごとをするわけにもいかない。

だから、食べていくためには
気の進まないこともしなければならないし、
うんざりしても、不安になっても、耐えなくてはならない。
まだ大人になりたくないと言っても、
親がそうだったように、そうやって大人のふりをしながら
大人になっていく。

おわりに

大人になってみると、この世の中は冷酷な場所だと知った。
不条理なことばかりで、人々は必要もないのにお互いのあいだに
線を引き、暇さえあれば差別と蔑視を楽しんでいる。
お金を稼ぐには、自分の感情から目を背けないといけない。
社会のセーフティーネットは目が粗いので、いつも不安になる。

この冷酷な社会のなかで、私はみじめになりたくなかった。
かといって、冷酷な人間にもなりたくなかった。

では、どうやって生きていけばいいのか。
私は多くの疑問を抱いた。
生きていくうえで、何が恥ずかしいのか。
心のいちばん奥底にある劣等感の原因は何か。
人を差別したり侮辱したりして、いったい何が得られるのか。
多くの人が不幸なのはなぜか。

その答えを求めるうちに、個人の不幸と不安の多くは、
自分の内面から発生する化学反応ではなく、
社会と他者との関係のなかで起こるものだという結論に至った。
生活の不安の他にも、
人に対する不信、侮辱、競争主義、差別が空気中に漂っていて、
息を吸うたびに私たちの身体に進入してくる。
だから私たちは、恥ずかしがる必要のないことに恥を覚え、
侮辱されたら萎縮し、バカにされないように神経をとがらせて
警戒しなくてはならない。

その緊張のなかで、何の問題もない自分を責めて、
生存の問題を解決するより先に気力を失ってしまう。
本書を通じて私は、そんな必要はないと言いたかった。
孤独と寂しさのなかに取り残された人たちに、
「胸を張っていいんだよ」とエールを送るとともに、
今も人間的な暮らしを願う人たちがいることを伝えたかった。

冷酷な社会で人間性を失わずに生きていくために、
私たちは自分自身にもっと目を向けたほうがいい。
不当や侮辱や不安に対して、堂々と立ち向かったほうがいい。
そして、自分と他者のために、
よりよい社会のために、
自分の役割を果たそう。

ごく普通の人間が、
自分が自分であることをうらむことなく、
冷たい視線に耐え抜いて、
ありのままの自分として生きていくために。

あなたが少しでも自由になれたら、うれしい。
今日もそれぞれの人生を生きていく
私たちに、健闘を祈る。

訳者あとがき

　同僚とのトラブル、上司のパワハラ、学歴差別、格差社会……。学校を出て会社で働くようになると、誰でもこうした壁にぶつかることだろう。仕事や人間関係に悩み、「自分はダメな人間なんだ」と肩を落とし、眠れない夜を過ごす人もいるだろう。周囲に認められようと頑張りすぎて、体を壊す人もいるかもしれない。
　そんな悩める人たちのために、本書はふんわりした雰囲気のイラストと力強い言葉で、「今のあなたでいいんだよ」と背中を押してくれる。そして、自分が自分として生きるための知恵を授けてくれる。
　著者は言う。「人はそれぞれ、傷や不完全さを抱えている」「誰の人生もそれほど完璧じゃない」と。こうした言葉が説得力をもつのは、著者自身の苦い経験をもとにしているからだ。
　イラストレーター兼エッセイストとして韓国で大人気の著者、キム・スヒョン氏にも悩める時期があった。大学を出て大企業を目指したものの、就職に失敗。「いずれは文章を書く仕事をしたい」と思っていながら、大企業を志望したのはなぜか。じっくり考えたすえ、著者はひとつの事実に気づいた。友達がみんな大企業に行きた

がっていたから、そこに価値があると思い込んでいたのだ。それまで自分で考えて行動していると思っていたのに、じつは周囲が決めたルートを忠実に受け入れていただけだったことに、著者はがくぜんとする。結局、仕事の中身よりも肩書きがほしかっただけ。それは他人に認められることで自分の価値を証明するためだった。
　誰かの期待に応えるために生きるのではなく、自分のために、自分らしく生きよう——そんな著者の呼びかけが、韓国社会で広く共感を呼んだ。BTS（防弾少年団）のジョングクが本書を愛読していることがSNSで話題になり、60万部を超えるベストセラーとなった。さらに、カレンダーやキャラクターグッズまで発売され、社会現象とまで言われるほどになっている。著者のインスタグラムのフォロワーも1万8000人を超える。
　しかし、それは一過性のブームでは終わらないだろう。韓国の若者たちが抱いている不満や不安、怒り、やるせなさを、著者が代弁し、読者にやすらぎや勇気を与えてくれたからだ。本書は、仕事と生活に疲れたすべての人たちへの力強い応援だ。同じ悩みを抱える日本のみなさんにも、大きな力を与えてくれることだろう。

吉川　南

日本語版デザイン	五十嵐ユミ
校　正	麦秋新社
翻訳協力	株式会社リベル
協　力	株式会社クオン
編　集	安田 遥（ワニブックス）

私は私のままで生きることにした

キム・スヒョン 著／吉川 南 訳

2019年3月5日　初版発行
2025年7月1日　39版発行

発行者	髙橋明男
編集人	青柳有紀
発行所	株式会社ワニブックス
	〒150-8482
	東京都渋谷区恵比寿4-4-9　えびす大黒ビル
電　話	03-5449-2711（代表）
	03-5449-2716（編集部）
ワニブックスHP	http://www.wani.co.jp/
WANI BOOKOUT	http://www.wanibookout.com/
印刷所	株式会社光邦
製本所	ナショナル製本

定価はカバーに表示してあります。落丁本・乱丁本は小社管理部宛にお送りください。
送料は小社負担にてお取替えいたします。
ただし、古書店等で購入したものに関してはお取替えできません。
本書の一部、または全部を無断で複写・複製・転載・公衆送信することは
法律で認められた範囲を除いて禁じられています。

©株式会社ワニブックス2019 Printed in Japan
ISBN 978-4-8470-9753-9

Copyright ©2016 by Kim Suhyun
Originally published in Korea by Woods of Mind's Books
All rights reserved.
Japanese translation copyright © 2019 by WaniBooks Co., Ltd.
Woods of Mind's Books is published by arrangement with K-Book Shinkokai.